# 영화에 비친 북한 가족의 일탈성

## ─ 북한 인기 영화 〈우리집 문제〉 시리즈 분석 ─

영화에 비친 북한 가족의 일탈성

─ 북한 인기 영화 〈우리집 문제〉 시리즈 분석 ─

# 영화에 비친 북한 가족의 일탈성

— 북한 인기 영화 〈우리집 문제〉 시리즈 분석

저자 · 서곡숙

# | 목차 |

| 저자소개 |

서 곡 숙

　영화학박사이자 영화평론가. 서울대학교 국어국문학과를 졸업하고, 동국대학교 연극영화과 대학원에서 영화학 전공으로 석사 학위와 박사 학위를 받았다. 산업자원부 산하 기관연구소 경북테크노파크에서 문화산업 정책기획 선임연구원, 팀장, 실장으로 근무하였다. 서울영상진흥위원회 위원장, 한국영화100년기념사업추진위원회 학술출판분과 위원장, 국제영화비평가협회 한국본부 사무총장, 한국영화평론가협회 사무총장 등을 지냈으며, 부산국제영화제, 전주국제영화제, 부천국제영화제 등에서 심사위원으로 활동했다. 현재 청주대학교 영화영상학과 교수로 있으면서, 한국영화교육학회 부회장, 계간지 ≪크리티크 M≫ 편집위원장 등으로 활동하고 있다. 평론집으로는 『영화와 사랑』, 『영화와 범죄』, 『웹툰과 로맨스』, 『영화와 자화상』 등이 있다.

# 북한에 대한 우리의 낡은 편견을 전복시키다

남북 교류가 뚝 끊긴지 10여 년의 세월이 지나, 한반도의 반쪽인 북한이 너무 멀게 느껴진다. 서곡숙 교수의 저서 『영화에 비친 북한 가족의 일탈성』은 북한 대중영화 가운데 보기 드물게 흥행을 거둔 〈우리집 문제〉 시리즈(1973~1988) 분석을 통해 북한 인민의 삶을 새삼 소환했다는 점에서 흥미롭다. 당과 지도자의 의지에 따라 제작된 선전 영화가 아니라, 오히려 관객의 일상적 욕망과 웃음을 자극하며 대중적 성공을 거둔 코미디물이 체제의 틈을 비추는 거울로 기능한다는 점에서 북한에 대한 우리의 낡은 편견을 뒤집는다.

북한 영화의 정형적 플롯은 긍정적 영웅(이상적인 것)과 부정적 인물(낡은 것)의 대립으로 귀결되지만, 〈우리집 문제〉 시리즈의 특징은 그 반전적 배치에 있다. 저자가 지적하듯, 이 영화의 주인공은 늘 문제적이고 현실적인 인물, 즉 결함 많은 인간이다. 반대로 '적대자'는 집단적 규범과 당의 요구를 대변하는 이상적 인물이다.

이 구도 속에서 관객은 현실적 욕구를 대변하는 주인공과 동일시하게 되지만, 결말에서는 언제나 그 인물이 체제 앞에 무릎 꿇는다. 웃음의 희극성 뒤에 감춰진 것은, 집단이 개인을 억압하고 이상이 현실을 억누르는 구조다.

이 시리즈의 갈등은 늘 문턱(현관·계단)과 광장(거실·거리)에서 폭발한다. 문턱은 이웃의 시선이 침입하는 공간, 개인의 사적 욕망이 노출되는 장소다. 광장은 사적인 문제가 공개적 비판으로 전환되는 무대이며, 주인공의 스캔들과 파국이 드러나는 장소다

.즉, 집이라는 공간이 더 이상 은신처가 아니며, 체제는 가정의 사적 영역까지 침투한다. 이웃들이 몰려와 가정사를 폭로하는 장면은, 웃음을 가장한 공개 재판의 풍경을 떠올리게 한다.

## 여성의 욕망과 신체, 일탈의 징후

책의 후반부는 특히 북한 여성의 욕망과 신체에 주목한다. 반복되는 내러티브, 즉 거짓말, 방문, 가출 속에서 여성은 '연기하는 주체'로, 혹은 '침입당하는 존재'로, 때로는 '일탈하는 여성'으로 나타난다.

북한 영화가 여성을 가정의 조력자, 체제의 모범으로만 그리지 않고, 억눌린 욕구와 갈등을 투사한다는 점에서 이는 북한 사회 내부의 긴장을 반영한다. 저자는 이를 "집단주의의 마녀사냥, 가부장제의 억압, 그리고 욕망의 은닉된 표현"으로 읽어낸다.

이 책의 핵심 주장은 분명하다. 북한 영화는 단순한 선전 도구가 아니라, 체제가 억누르려 한 대중의 욕망과 갈등이 무의식적으로 배출되는 통로라는 것이다. 김정일이 처음엔 비판했지만, 대중적 인기에 힘입어

다시 시리즈 제작을 허용한 〈우리집 문제〉는 그 모순을 상징적으로 보여준다.

영화 속에서는 늘 이상이 현실을 제압하지만, 관객의 웃음은 다른 메시지를 전달한다. 그것은 억눌린 욕구가 무대 위로 기어오르는 순간이며, 체제가 의도하지 않은 방식으로 '대중의 목소리'가 발현되는 장이다.

『영화에 비친 북한 가족의 일탈성』은 단순한 영화 해설서가 아니다. 그것은 체제와 대중, 집단과 개인, 이상과 현실의 긴장을 추적하는 정치·문화적 탐사이다. 북한 코미디는 더 이상 무해한 웃음이 아니다. 그것은 체제의 억압적 구조를 드러내는 균열의 언어이자, "가정은 사회의 세포"라는 교조적 구호 아래 숨겨진 일탈과 욕망의 기록인 셈이다. 꽤 오랫동안의 갈등과 대결로 치달은 남북 관계의 경색에도 불구하고, 영화라는 장르를 통해 북한의 일상의 삶을 꼼꼼히 들여다본 저자의 노고에 박수를 보낸다.

**성 일 권**
〈르몽드 디플로마티크〉 한국어판 발행인

남한(대한민국)과 북한(조선민주주의인민공화국)은 가깝고도 먼 나라이며, 공간적으로는 인접하지만 정치체계로는 차별적이다. 북한 영화(조선 영화)는 북한에서 짝하는 영화를 일컫는다. 북한 영화는 체재 선전의 핵심 도구였으나, 근래에는 대중성을 고려한 작품들이 많이 등장하고 있다.

〈우리집 문제〉 시리즈는 북한 코미디영화의 대명사이다. 이 시리즈는 초기 김정일의 비판을 받았지만, 이후 흥행에 성공하여 대중의 관심을 받게 되고, 김정일이 다시 제작에 관여하게 되면서 시리즈로 만들어진다는 점에서 대중성 측면에서 주목할 만한 작품이다. 〈우리집 문제〉 시리즈는 1973~1988년까지 북한의 조선예술영화촬영소에서 시리즈로 제작한 코미디영화이며, 북한의 대표적인 코미디 작가 리희찬의 시나리오로 여러 연출가에 의해 15년에 걸쳐 12편으로 구성된 시리즈이다.

1편 〈우리 집 문제〉(김영, 1973)가 나온 이후 한동안 중단되었다가, 2편 〈우리 옆집 문제〉(리재준, 1979)가 나왔고, 연이어 3편 〈우리 웃집 문제〉(1980), 4편 〈우리 아래집 문제〉(윤기찬, 1980), 5편 〈우리 처가집 문제〉(림창범, 1980)가 제작되었다. 이후 6편 〈우리 큰집 문제〉(윤기찬, 1981), 7편 〈우리 누이집 문제〉(정건조, 1981), 8편 〈우리 사돈집 문제〉(정건조, 1982), 9편 〈우리 작은집 문제〉(박상복, 1982)가 나왔으며, 10편 〈우리는 모두 한 가정〉(1984)으로 1차 시리즈를 마감했다. 그리고 나중에 11편 〈다시 시작된 우리 집 문제〉(박상복, 1986)가 나왔으며, 12편

<우리 삼촌집 문제>(1988)로 2차 시리즈가 제작되었다.

제1장 북한 영화의 서사는 <우리집 문제> 시리즈에서 드러나는 갈등과 해결 구조를 논의한다. 이 장은 <우리 누이집 문제>, <우리 사돈집 문제>, <우리 삼촌집 문제>를 중심으로 인물, 공간, 발화의 문제를 제기함으로써 북한 체제의 변화와 북한 영화의 갈등을 담아낸다. 인물은 주인공/적대자, 개인/집단, 현실/이상의 충돌을 보여주고, 공간은 비판 장면에서 단일성/다성성, 공식/비공식, 집단/개인의 갈등을 그려내고, 발화는 반성 장면에서 영상/소리, 주체/타자, 현실/이상의 갈등을 드러낸다.

제2장 북한 영화의 정동은 <우리집 문제> 시리즈에서 드러나는 의식/사유, 도덕/윤리, 슬픔/기쁨의 갈등을 논의한다. 이 장은 <우리 웃집 문제>, <우리 아래집 문제>, <우리 사돈집 문제>를 중심으로 북한 영화에서 드러나는 삼중의 고발과 관객의 즐거움을 담아낸다. 뇌물 문제는 원인/효과와 정신/육체의 갈등을 보여주고, 선악 문제는 이상/현실과 당위성/능력의 갈등을 그려내고, 고발 문제는 자아/호상 비판과 가책/원한 인간의 길등을 드러낸다.

제3장 북한 영화의 시선은 <우리집 문제> 시리즈에서 드러나는 인물의 시선, 감시, 권력을 논의한다. 이 장은 <우리 처가집 문제>, <우리 누이집 문제>, <우리는 모두 한 가정>, <우리 삼촌집 문제>을 중심으로 북한 영화의 시선, 즉 등장인물의 세 시선을 통해 북한의 감시와 체제의 변화를 담아낸다. 주변 인물들의 시선은 지배적 시선과 억압을 보여주고, 여주인공의 시선은 남근적 시선의 불완전성과 오인을 그려내고, 우편국장의 시선은 규율적 시선과 효용성을 드러낸다.

제4장 북한 여성의 욕망은 〈우리집 문제〉 시리즈에서 드러나는 거짓말-방문-가출이라는 내러티브 반복과 여성의 자아정체성을 논의한다. 이 장은 〈우리 웃집 문제〉, 〈우리 처가집 문제〉, 〈우리 누이집 문제〉를 중심으로 거짓말-방문-가출이라는 내러티브 반복과 여성의 자아정체성을 통해 공식적/비공식적 담론의 간극과 여성의 욕구 표현을 담아낸다. 거짓말은 양성적 이상, 분열된 주체와 '연기하는 여성'을 보여주고, 방문은 감정노동 증가, 사적 영역 갈망과 '침입당하는 여성'을 그려내고, 가출은 가부장제의 마녀사냥, 집단주의의 억압과 '일탈하는 여성'을 드러낸다.

제5장 북한 여성의 신체는 〈우리집 문제〉 시리즈에서 드러나는 여성 신체의 다층적인 재현을 논의한다. 이 장은 〈우리 처가집 문제〉, 〈우리 누이집 문제〉, 〈우리삼촌집 문제〉를 중심으로 북한 영화와 여성의 신체를 통해 북한 사회의 변화를 담아낸다. 이 시리즈는 여성 신체의 세 가지 갈등, 즉 복종/저항에 대한 여성 신체의 갈등, 복종/저항에 대한 여성 신체의 갈등, 금욕/쾌락에 대한 여성 신체의 갈등을 보여준다.

『북한 영화 〈우리집〉 시리즈의 대중성과 일탈』의 출판을 물심양면 지원해 주신 르몽드 코리아의 성일권 대표님께 감사드린다. 그리고 책을 멋있게 편집해 주신 유주희 디자이너님에게도 감사를 표하고 싶다. 대중성과 작품성을 갖춘 북한 영화 〈우리집 문제〉 시리즈에 대해 향후 학계와 독자의 관심이 이어지기를 바란다.

**서곡숙**
2025년 10월

# 제1장 북한 영화의 서사

## 〈우리 누이집 문제〉, 〈우리 사돈집 문제〉, 〈우리 삼촌집 문제〉에서 드러나는 갈등과 해결 구조

주체 미학의 무갈등론은 북한 영화가 부정적인 인물과 갈등이 없고 새 것과 낡은 것의 투쟁을 그려야 한다고 주장한다. 제1장은 주체 미학의 무갈등론으로 인해서 북한 영화에서 인물들의 갈등이 어떤 방식으로 재현되는가를 살펴본다. 그래서 이 장은 〈우리 삼촌집 문제〉, 〈우리 누이집 문제〉, 〈우리 사돈집 문제〉의 토론과 반성 장면을 중심으로 인물들의 갈등이 공간, 발화를 통해 어떻게 나타나는지를 고찰하고자 한다.

첫 번째, 〈우리집 문제〉 시리즈에서 인물의 특이성은 주인공이 문제적 인물로서 개인의 욕구를 대변하고, 적대자는 긍정적 인물로서 집단의 규범을 대변한다는 점이다. 주인공의 성격이 복합적이고 주인공과 적대자의 역할이 전도되어 있다. 현실적인 주인공은 문제적, 입체적, 모방적, 갈등적인 인물로서 패배하는 반면, 이상적인 적대자는 유형적, 평면적, 설명적, 도덕적이고 바람직한 인물로서 승리한다. 이렇듯 〈우리집 문제〉 시리즈는 한편으로는 현실적인 주인공의 패배와 이상적인 적대자의 승리를 통해 문제적 개인의 결함을 비판하고 풍자하지만, 다른 한편으로는 이상이 현실을 억압하고, 규범이 욕구를 억압하고, 집단이 개인을 억압하는 북한 사회의 문제를 드러낸다.

두 번째, 〈우리집 문제〉 시리즈의 비판 장면은 공식적으로는 북한 사회의 풍요를 찬양하지만, 비공식적으로는 궁핍을 드러냄으로써, 공식적인 문화와 비공식적 문화의 갈등을 보여준다. 그리고 이러한 갈등은 현실적인 인물과 이상적인 인물의 갈등으로 나타나며, 이 갈등은 항상 특정한 공간에서 일어난다. 문턱(현관, 계단, 복도)은 위기와 급변의 공간으로서 갈등, 개입, 극단, 한계점, 경계선을 의미한다. 광장(거실, 거리)은 스캔들과 파국의 공간으로서 다성성의 충돌, 박탈, 교체, 갱신, 약화된 웃음을 의미한다. 그리고 사적 공간이 침범당하고 공적 공간이 익명성을 갖는 등 공간의 의미가 전도된다. 이처럼 〈우리집 문제〉 시리즈는 문턱과 광장의 엿듣기와 폭로를 통해 집단의 억압에 대해 비판하면서 개인의 본성, 욕구, 해방을 드러낸다.

세 번째, 〈우리집 문제〉 시리즈에서 타자의 목소리, 간접화법이며, 교조적이고 공식적인 담론을 대변한다. 시각적으로는 주인공의 얼굴을 보고 청각적으로는 우편국장의 보이스 오버를 들음으로써, 반성 장면은 주인공 내면에서 일어나는 교조적 목소리와 민중적 목소리 간의 긴장, 상호작용, 갈등을 드러낸다. 그래서 집단적인 비판을 통한 공공연한 논쟁은 주인공의 반성을 통한 은닉된 논쟁으로 전환된다.

주체 미학의 무갈등론으로 인해서 북한 영화 〈우리집 문제〉 시리즈에서 인물들의 갈등은 현실적이고 문제적인 주인공이라는 인물의 유형, 문턱과 광장이라는 특정한 공간에서의 충돌, 타자의 보이스 오버와 주인공의 얼굴로 표현되는 이중적 목소리를 통해 간접적으로 드러난다. 그래서 〈우리집 문제〉 시리즈는 희극/비극, 긍정/부정 등의 이중성을 통해 교조적인 진지성을 배척하는 약화된 웃음을 보여준다.

**| 핵심어 |** 북한 영화, 〈우리 삼촌집 문제〉, 〈우리 누이집 문제〉, 〈우리 사돈집 문제〉, 인물, 갈등, 공간, 발화

## 1. 북한 영화의 갈등과 인물·공간·발화의 문제

　여태까지의 북한 영화 연구는 북한 체제의 정치·사회·이념의 통제와 영향의 결과로 드러나는 북한 영화의 획일성에 대한 논의가 다수를 차지한다. 민병욱에 의하면, 북한 사회 자체가 "비평적 회의를 결코 정치사회적으로 용납하지 않는 단일 해석공동체로서 거시담론과 미시담론이 정치적 논법 속에서 일치하는 매우 특이한 정치사회적 언술체"[1]이다. 서정남에 의하면, 북한 영화에서 '주인공은 긍정적, 이상적, 영웅적 인물이고, 전형적, 도식적, 선형적인 플롯으로 입체적이고 다면적인 인물을 상정할 수 없으며, 북한 사회가 이상적이기 때문에 부정인물과 갈등이 없어야 한다는 점에서 무갈등론이 두드러지게 나타난다.'[2] 하지만, 최근 북한 영화 제2세대 연구자들은 '북한 영화의 무의식적, 암묵적 의미를 읽어내어 변화하는 북한 관객 및 창작의 기류를 살펴보고자 한다.'[3] 특히 이러한 관객의 변화를 볼 수 있는 것이 바로 북한 대중영화인 〈우리집 문제〉 시리즈이다.

---

1) 민병욱, 『북한 영화의 역사적 이해』, 역락, 2005, 18-19쪽.

2) 서정남, 『서정남의 북한 영화탐사』, 생각의나무, 2002, 145-152쪽.

3) 정재형, 「제2세대 북한 영화연구의 서장을 열며」, 정재형(편), 『북한 영화에 대해 알고 싶은 다섯 가지-제2세대 북한 영화연구-』, 집문당, 2004, 7쪽.

[사진1-1] 〈우리집 문제〉 시리즈 12편의 타이틀

〈우리집 문제〉 시리즈는 북한 코미디영화의 대명사이다. 이 시리즈는 초기 김정일의 비판을 받았지만, 이후 흥행에 성공하여 대중의 관심을 받게 되고, 김정일이 다시 제작에 관여하게 되면서 시리즈로 만들어진다는 점에서 대중성 측면에서 주목할 만한 작품이다. 〈우리집 문제〉 시리즈는 1973~1988년까지 북한의 조선예술영화촬영소에서 시리즈로 제작한 코미디영화이며, 북한의 대표적인 코미디 작가 리희찬의 시나리오로 여러 연출가에 의해 15년에 걸쳐 12편으로 구성된 시리즈이다.

〈우리집 문제〉 시리즈 12편은 〈우리집 문제〉, 〈우리 옆집 문제〉, 〈우리 웃집 문제〉, 〈우리 아래집 문제〉, 〈우리 처가집 문제〉, 〈우리 큰집 문제〉, 〈우리 누이집 문제〉, 〈우리 사돈집 문제〉, 〈우리 작은집 문제〉, 〈우리는 모두 한 가정〉, 〈다시 시작된 우리 집 문제〉, 〈우리 삼촌집 문제〉이다.4)

북한 영화의 대부분은 "당성과 북한 지배 이념을 홍보하기 위한 도구로 김정일 교시에 의해 70% 이상이 제작"되지만, 나머지는 좀더 다른

---

4) 〈우리집 문제〉 시리즈 12편
  1편 〈우리집 문제〉(김영, 1973)
  2편 〈우리 옆집 문제〉(리재준, 1979)
  3편 〈우리 웃집 문제〉(윤기찬, 1980)
  4편 〈우리 아래집 문제〉(윤기찬, 1980)
  5편 〈우리 처가집 문제〉(림창범, 1980)
  6편 〈우리 큰집 문제〉(윤기찬, 1981)
  7편 〈우리 누이집 문제〉(정건조, 1981)
  8편 〈우리 사돈집 문제〉(정건조, 1982)
  9편 〈우리 작은집 문제〉(박상복, 1982)
  10편 〈우리는 모두 한 가정〉(1984)
  11편 〈다시 시작된 우리 집 문제〉(박상복, 1986)
  12편 〈우리 삼촌집 문제〉(1988)
  — 〈우리집 문제〉 시리즈 12편의 연도는 자료별로 상이하여, 다음 세 가지 자료를 참조하여 재정리한 것이다.
  민병욱, 『북한 영화의 역사적 이해』, 역락, 2005.
  「우리집문제 [Problem of Our Family]」, 북한예술문화사전, 2025년 6월 5일 검색.
  http://nks.ac.kr/Word/View.aspx?id=1751
  「우리집 문제(우리집 問題)」, 한국민족문화대백과사전, 2025년 6월 5일 검색.
  https://encykorea.aks.ac.kr/Article/E0074407

내용으로 자유롭게 제작되며 "〈우리집 문제〉 등의 가정 문제에 대한 영화 등은 북한 주민들 자체가 아주 즐긴다"5)고 한다.

[사진1-2] 〈우리집 문제〉의 우편국장과 아내

〈우리집 문제〉 시리즈는 "숨은 영웅 형상 영화를 중심으로 인민성이 상대적으로 강화됨에 따라서 이 시기에 등장하는 새로운 영화"로서 "일반 주민의 일상생활을 소재로 삼고 있는 가족영화"6)이다. 본고의 출발점은 〈우리집 문제〉 시리즈의 특이성에 대한 관심에서 비롯된다. 김정일은 〈우리집 문제〉를 보고 부정적인 반응을 보였지만, 북한 관객은 이 작품에 대해 호응하였다. 이러한 대중의 호응 결과로 김정일은 이 작품에 대해 관심을 보이게 되고 제작에 관여하기 시작해 시리즈물로 제작하게 되었다.

---

5) 변혜정, 「영화에서 재현되는 여자다움과 그 의미」, 『통일과 여성―북한 여성의 삶』, 이화여자대학교 출판부, 2001, 221쪽.

6) 민병욱, 『북한 영화의 역사적 이해』, 역락, 2005, 183쪽.

[사진1-3] 〈우리 누이집 문제〉, 〈우리 사돈집 문제〉

〈우리집 문제〉 시리즈는 전체가 형식상 통일성을 이루고 있으며 매 작품마다 어느 한 집의 문제를 짚어나가고 있다. 이 시리즈는 문제가 있는 주인공과 다른 인물들의 갈등을 다룬다는 공통점이 있다. 특히 〈우리 누이집 문제〉(1981), 〈우리 사돈집 문제〉(1982), 〈우리 삼촌집 문제〉(1988)는 이런 갈등을 해결하는 방식에 있어서 공통된 내러티브적 특성을 보인다는 점에서 주목할 필요가 있다. 세 영화는 항상 결함이 있는 주인공이 주변 인물들로부터 비판받은 후 거리에서 자신의 과오를 반성하는 장면으로 이야기가 종결된다.

〈우리 누이집 문제〉, 〈우리 사돈집 문제〉, 〈우리 삼촌집 문제〉의 갈등에서 드러나는 내러티브 반복은 의미가 있다. 왜냐하면 특정한 내러티브의 반복은 "인간의 보편적 마음을 읽는 열쇠"이며, "인간은 특별한 방식으로 이야기를 구성하며, 그렇게 구성된 이야기는 그 심층구조에 있어서 일정한 패턴을 반복"7)하기 때문이다. 그래서 이 장은 북한 영화 〈우리 누이집 문제〉, 〈우리 사돈집 문제〉, 〈우리 삼촌집 문제〉에서 공통적으로 반복되는 내러티브인 비판 장면과 반성 장면을 중심으로 갈등이 인물·공간·발화의 문제를 통해서 어떤 양상으로 드러나는가를 살펴보고자 한다. 즉, 세 편의 영화의 갈등과 인물에서의 주인공/적대자, 개인/집단, 현실/이상의 충돌(=2절), 비판 장면과 공간에서의 단일성/다성성, 공식적/비공식적 삶, 집단/개인의 갈등(=3절), 반성 장면과 발화에서의 영상/소리, 주체/타자, 현실/이상의 갈등(=4절)을 중심으로 논의하고자 한다.

## 2. 갈등과 인물: 주인공/적대자, 개인/집단, 현실/이상의 충돌

### 1) 인물: 입체적인 부정인물 주인공과 평면적인 긍정인물 적대자

인물 유형에 대해 살펴보자면, '평면적 인물은 오직 하나의 특성만이 존재하기 때문에 그의 행동은 고도로 술어적인 반면에, 다면적 인물은 다양한 특성들을 갖는데 그 중의 어떤 것들은 서로 갈등적이거나 심지어는 적대적인 것'[8]이다. 또 '유형적 인물이 외적 상황 변화에 거의 영향을 받지 않는 통합된 의식의 소유자들인 반면에, 개성적 인물은 불안정한 의식의 균열로 인해 보이지 않는 내면적 갈등의 상태에 놓여 있는

---

7) 박주식, 「언어, 내러티브, 담론: 헤이든 화이트의 역사 이론」, 『내러티브』, 제4호, 한국서사학회, 예림기획, 2001, 256-257쪽.

8) 시모어 채트먼, 김경수(역), 『영화와 소설의 서사구조: 이야기와 담화』, 민음사, 1999, 159-160쪽.

인물들'9)이다. 그리고 '설명적 인물은 선한 행위를 하며 윤리적이고 바람직한 인간상을 구현하는 인물이고, 모방적 인물은 선한 행위를 하지 않으며 개별화된 갈등적 인물'10)이다. 이렇듯 인물 유형을 크게 두 가지로 나눠보면, 평면적·유형적·설명적 인물은 술어적, 통합적이고 선한 행위를 하는 반면에, 입체적·개성적·모방적 인물은 개별화되고 다양하며 적대적, 갈등적이다.

〈우리 누이집 문제〉, 〈우리 사돈집 문제〉, 〈우리 삼촌집 문제〉에서 문제가 많고 갈등하는 주인공11)은 입체적, 다면적, 개성적, 모방적 인물로서 북한 사회에 대한 통찰과 보이지 않는 갈등을 개별화하는 인물이다. 주인공은 입체적인 인물로서 경직되고 억압적인 삶의 규율에 의해 고통받는 사람들이기 때문에, 인간과 환경 사이에는 적극적이든 소극적이든 존재의 변화를 가져오는 내적인 주고받음의 관계가 형성된다는 것을 보여준다. 이런 다면적인 인물들은 개방된 구축물로 기능하며 더 깊은 통찰을 가능하게 한다. 또 주인공은 개성적 인물로서 작가가 놓여 있는 현

---

9) 박혜경, 「삶과 윤리의 통합을 지향하는 세계: 황순원 문학에서의 근대성의 문제」, 『내러티브』, 한국서사학회, 제3호, 2001, 190쪽.

10) 김재용, 「서사문학과 인물」, 『내러티브』, 제3호, 한국서사학회, 2001, 98쪽.

11) 세 영화에서 주인공과 적대자는 다음과 같다. 〈우리 삼촌집 문제〉의 주인공은 우편국장의 남동생인 도시건설 처장이고, 적대자는 부하인 여자 지도원 송선희이다. 〈우리 누이집 문제〉의 주인공은 우편국장의 누이이고, 적대자는 자신의 며느리이다. 〈우리 사돈집 문제〉의 주인공은 우편국장의 사돈이 될 건설사업소 지배인이고, 적대자는 미래의 며느리가 될 우편국장의 교사 딸이다. 이렇듯 세 편의 영화에서 주인공은 모두 우편국장의 친인척이거나 이웃이며, 적대자는 그 주인공의 직장 동료이거나 며느리이다.

실의 세계와 작가가 지향하는 욕망의 세계 사이에 어떤 보이지 않는 갈등이 내포되어 있음을 암시한다. 그리고 주인공은 모방적 인물로서, 일반적으로 선한 행위를 하지 않으며 그 행위의 동기를 윤리적으로 해석할 수 없는 고도의 개별화된 인물이다. 그래서 주인공은 변화하는 북한 사회에서 생존의 본능, 삶의 의지, 욕망의 표출 등 개인의 욕구를 나타낸다는 점에서 북한 사회의 모순을 드러내는 역할을 수행한다.

반면에, 이상적이고 원칙을 고수하는 적대자는 평면적, 유형적, 설명적 인물로서 술어적이고 통합적이고 선한 행위를 함으로써 체제의 요구를 대변한다. 그래서 적대자는 정체된 세계 속에 갇혀 있는 인물이고 환경을 투영하는 상징의 자리에 서려고 하며, 고립되고 정체된 윤리성의 세계를 보여준다. 적대자가 갖는 도덕적 우위는 주어진 삶에 대한 거의 맹목에 가까운 순종의 대가로 얻어진 것이다. 또 적대자는 유형적 인물로서 현실적 세계와 이상적 세계 사이의 갈등을 부정한다. 그리고 적대자는 설명적 인물로서 선한 행위를 하고 나라에 충성하고 부모에게 효도하는 바람직한 인간상을 구현하며, 자신의 욕구를 버리고 당에 순종하는 삶의 태도를 보인다. 그래서 적대자는 변화하는 북한 대중의 욕구와는 상관없이 체제를 수호하고 유지하고자 하는 당의 거대담론을 드러낸다. 북한 영화에서 1980년대부터 주인공/적대자의 갈등이라는 틀은 흔한 구조이지만, 세 편의 영화처럼 부정인물이 주인공인 영화는 흔하지 않다.

## 2) 플롯: 선형적/비선형적 서술구조의 충돌과 체제의 요구/대중의 요구의 갈등

일반적으로 선형적 서술구조는 전통적인 이야기 틀을 일컫는 것이고, 비선형적 서술구조는 주인공(protagonist)과 조역(minor characters)의 경계를 긋기가 모호하고 여러 개의 중심을 가지고 산발적으로 이루어지는 것이다. 즉 전통적인 서술구조는 그 특성상 지배와 복속, 힘의 대결이라는 사디즘적인 요소가 있고 독자에게 자신이 알고 있는 유일한 진실을 주입하고 독자를 자신의 의지대로 변화시키고자 하는 저자의 욕망을 갖는다. 반면에 비선형적 내러티브는 여러 목소리를 함께 담고 어느 한 목소리가 다른 목소리를 억누르지 않는 열린 공간을 지향한다.[12]

〈우리 누이집 문제〉, 〈우리 사돈집 문제〉, 〈우리 삼촌집 문제〉는 주인공의 복합적인 성격으로 인해서 전기 구조주의자인 프롭이 제시하는 7개의 인물 유형, 즉 '악한, 조력자, 주인공, 공주와 그녀의 아버지, 파견자, 증여자, 가짜 주인공'[13]에 맞지 않는다. 중심인물은 주인공이면서 악한을 겸하여 여러 가지 인물 기능을 가져, 자기 내부에서도 갈등할 뿐만 아니라 다른 인물들과 심하게 갈등한다. 반면에, 주인공과 적대하는 인물은 선하고 이상적인 성격으로서 기존의 인물 유형 도식에서 오히려

---

12) 박진임, 「비선형적 서술 구조, 여성적 글쓰기의 한 가능성—글로리아 네일러를 중심으로—」, 『내러티브』, 제1호, 한국서사연구회, 2000, 202208쪽.

13) 블라드미르 프롭, 유영대(역), 『민담형태론』, 새문사, 1987/2000.

주인공의 성격에 가깝다.

그리고 우편국장과 주인공은 주연/조연의 역할을 동시에 수행한다. 〈우리집 문제〉에서 주인공은 우편국장이고, 플롯은 우편국장이 문제를 일으켜서 공개적으로 비판을 당하고 자기 과오를 반성하게 된다는 내용이다.

[사진1-4] 〈우리집 문제〉 시리즈의 우편국장

이후 〈우리집 문제〉를 제외하고 〈우리집 문제〉 시리즈에서 우편국장은 관찰자 입장으로 사건을 지켜보다가 갈등에 개입하게 되는 역할을 수행한다. 그래서 우편국장은 주연과 조연의 역할을 동시에 수행한다. 또 〈우리 누이집 문제〉, 〈우리 사돈집 문제〉, 〈우리 삼촌집 문제〉에서 주인공도 성격적으로 결함이 많기 때문에 주인공/적대자의 역할을 동시에 수행하며, 우편국장처럼 자신의 영화에서는 주연이지만 다른 영화에서는 조연으로 등장한다. 그래서 세 편의 영화는 시리즈 영화라는 특성과 인물의 복합적인 성격으로 주인공/적대자, 주연/조연의 경계가 모호하여, 선형적 서술구조와 비선형적 서술구조를 동시에 보여주고 있다는 점에서 북한 영화의 전반적인 플롯구조에서 벗어나 있다.

### 3) 주제: 입체적이고 부정인물인 주인공의 갈등과 욕구

〈우리 누이집 문제〉, 〈우리 사돈집 문제〉, 〈우리 삼촌집 문제〉는 주인공이 낡은 것을 대변하며, 적대자가 새 것을 대변한다는 점에서 북한 영화의 전반적인 주제에서 벗어나 있다. 낡은 것인 주인공은 부정적인 인물이지만 개인의 욕구를 표출하고 있는 반면, 새 것인 적대자는 긍정적인 인물이지만 체제의 가치를 수호하고 있다. 주인공은 타락함, 비열함, 악함, 음탕함, 자멸을 의미하는 반면, 적대자는 숭고함, 고결함, 청결함, 순결함, 사랑을 의미한다. 주인공을 악한 인물로 설정해서 우리는 왜 주인공이 이런 특성을 갖게 되었는지 주인공이 처한 현실에 대해 더 관심을 갖게 된다. 이처럼 주인공은 제한적으로 제시되었던 부정인물이 개과천선하는 과정을 통해 주류 사회와 주도적 가치에 재편입하는 경우에 해당하며, 이런 역동적 캐릭터를 통해 체제의 주도적 가치에 대해 의문을 제기하게 만든다. 그래서 주인공은 미숙한 개인주의자로서 북한 대중을 대변하고, 적대자는 이상적인 인물로서 당을 대변하고, 우편국장은 주인공을 질책하고 적대자를 옹호하는 중재자로서 지도자를 대변한다.

세 영화에서 드러나는 갈등의 충돌을 염두에 둘 때, 거꾸로 읽기, 뒤집어 읽기가 가능하다. 왜냐하면 〈우리집 문제〉 시리즈에서 이상적인 인물이 관객에게 있어서는 자신들을 억압하는 이데아로서의 역할인 "현행가치의 개"인 데 반해, 부정적인 인물이 자신들의 욕구를 대변하는 인물인 "망치질"14)이기 때문이다. 즉, 주인공은 다면적 인물이기 때문에 다양한 특성들이 서로 갈등하거나 적대하여 북한 사회의 삶이나 체제의 모순에 대해 더 깊은 통찰을 가능하게 만든다. 반면에 적대자는 지고한 도덕률과 성취욕구, 영웅적 투쟁 능력을 두루 갖춘, 범인으로서는 도저히 따라갈 수 없는 인물로서, 너무나 이상적이어서 현실 속의 대중을 오히려 억압하는 기능을 한다. 그래서 세 영화에서 전반부는 입체적, 개성적, 모방적 인물인 주인공의 승리로 대중의 욕구를 표출시키는 이면적 주제를 드러낸다면, 후반부에서는 평면적, 유형적, 설명적 인물인 적대자의 승리로 당의 당위성을 유지하는 표면적 주제를 드러낸다. 그 결과 주인공과 적대자의 갈등은 현실/이상, 열린 구조/닫힌 구조, 개인/집단 사이의 갈등을 의미하게 된다.


## 3. 비판 장면과 공간: 단일성/다성성, 공식/비공식, 집단/개인의 갈등

### 1) 비판 장면: 문제적 인물의 결함과 우편국장의 "문제를 빠개자!"

〈우리 누이집 문제〉, 〈우리 사돈집 문제〉, 〈우리 삼촌집 문제〉에서 비판 장면은 '중핵'15)이며, 세 영화뿐만 아니라 모든 시리즈 영화들에 공

---

14) 질 들뢰즈a, 이경신(역),『니체와 철학』, 민음사, 1998/2003, 112쪽.

통적으로 있는 내러티브적 요소이면서 위기와 절정을 이끌어가는 주요
한 힘이다.

[사진1-5] 〈우리 누이집 문제〉, 〈우리 사돈집 문제〉, 〈우리 삼촌집 문제〉에서
우편국장이 훈계하는 장면

〈우리 누이집 문제〉는 남동생인 우편국장이 가족들을 다 모아놓고
‘봉건사상을 없애야 된다. 며느리가 집안일, 바깥일 다 해야 하다 보면
집안일을 소홀히 할 수도 있는데 이해해야 한다. 시어머니가 며느리를
아껴주지 않고 시누이는 중간에서 이간질을 하고 있다. 가정이 화목해
야 사회 일을 잘 할 수 있다’라며 자기 누이를 비판한다. 〈우리 사돈집
문제〉는 우편국장이 이웃 사람들을 다 모아놓고 ‘건설공사 지배인보다
자녀들 교양에 힘쓰는 것이 중요하다. 자식은 다 나라에서 키워주겠거
니 생각하는데 학교나 사회 힘만으로는 힘들다. 부모나 가정 교양이 중

---

15) 서사적 사건들은 ‘위계(hierarchy)의 논리’를 갖고 있는데, 어떤 사건들은 나머지 사
　건들보다 중요한 것으로서 바로 중핵과 위성으로 나뉜다. 즉 "중핵들은 사건들에 의해
　취해진 방향에서 중요한 문제들을 야기시키는 서사적인 순간들"이며, "중핵들이 생략
　되면 서사적 논리가 파괴"된다.— 시모어 채트먼, 앞의 책, 62쪽.

요하다. 사돈 가르는 것도 딸이 구박받는 것도 참겠지만 아이를 내버려 두는 것은 참을 수 없다. 범죄의 길로 가는 것은 못 참는다'라며 미래의 사돈을 비판한다. 〈우리 삼촌집 문제〉는 형인 우편국장이 가족들을 다 모아놓고 '사상 문제이다. 학습을 안 해서 잘 모른다. 사업을 잘 하기 위해서는 사업장을 잘 관리해야 한다'라며 자기 동생을 비판한다.

이런 비판에서 가장 반복적으로 나오는 대사는 우편국장의 "문제를 빠개자!"라는 대사이다. 가정이 사회의 근간이 되고 가정이 화목하고 정서 생활을 잘 조직해야 사회나 국가사업이 잘 굴러가기 때문에 '가정 문제를 잘 빠개는 것'이 중요하다고 강조한다. 이러한 비판을 주도하는 것은 항상 우편국장이다. 영화 속에서 인물들은 문제적 인물(=주인공), 이상적 인물(=적대자), 중재적 인물(=우편국장)로 나뉜다. 우편국장은 예전에는 문제적 인물이었으나 지금은 이상적 인물이다. 우편국장은 문제적 인물과 이상적 인물이 갈등할 때, 전반부에는 문제적 인물의 말만 듣고는 그를 옹호하지만, 후반부에는 문제적 인물의 결함을 알게 되면서 다른 인물들을 그의 집에 모아놓고 그에게 집단적인 비판을 가하는 주동자 역할을 수행한다.

## 2) 문턱: 위기와 급변의 공간

서사와 공간은 서로 연계되어 있고 영화서술에서 공간은 반드시 고려해야 하는 요소이다.16)17) 〈우리 누이집 문제〉, 〈우리 사돈집 문제〉, 〈우리 삼촌집 문제〉의 비판 장면에서 항상 특정한 공간에서 특정한 사건이 벌어지고 종결된다.[18] 인물들의 행위는 특히 두 지점 즉 문턱과 광장에 집중된다.

　문턱은 갈등과 문제점을 표출시키는 '위기와 급변의 공간'[19]이다. 고프만에 의하면 "서로에 대해 전혀 모르는 이웃들은 서로가 상대방에 대해 너무 잘 알고 있다는 사실을 알게 되는 당혹스런 위치에 자신이 처해 있음을 발견"[20]한다. 얇은 벽은 가정의 시설들을 시각적으로 분리할 수 있지만 청각적으로는 사생활의 다툼 등이 이웃집까지 들리게 만들기 때문에, 시각에서는 위장할 수 있지만 청각에서는 그 위장이 드러난다. 세 영화의 중반부에서 우편국장과 이웃 사람들은 항상 현관 밖에서 문

---

16) 왜냐하면 "서사물에 있어서 시간은 제1의 환영이고, 공간은 제2의 환영"이며, 특히 영화에 있어서 "형태적 구성 인자로서 공간이 어떻게 사용되는가라는 문제"가 중요하기 때문이다.—김병욱, 「언어서사물에 있어서의 공간의 의미」, 『내러티브』, 제2호, 한국서사연구회, 2000, 150-151쪽.

17) 그리고 영화서술의 기본 단위인 영상은 "본질적으로 공간적인 기표이며, 그 결과 많은 다른 서술 매체들과는 반대로 영화는 언제나 서술을 이루는 행위와 그 출현 맥락을 '동시에' 제시"하며, "특정한 공간에서 동시에 벌어지는 모든 사건을 '말할' 수 있"다는 점에서 정보의 다성악이기 때문이다.— 앙드레 고드로 & 프랑수아 조스트, 송지연(역), 『영화서술학』, 동문선, 2001, 125-127쪽.

18) 세 영화의 공간은 문턱, 현관, 복도, 층계참, 계단, 계단의 층층이, 계단을 향해 열려 있는 문, 대문, 광장, 거리, 건물의 정면 등이다.

19) 문턱은 문지방, 현관, 계단, 복도 등이다. - 미하일 미하일로비치 바흐찐, 김근식(역), 『도스또예프스끼 창작의 제문제: 도스또예프스끼 시학』, 정음사, 1988/1989, 190-219쪽.

20) 어빙 고프만, 김병서(역), 『자아 표현과 인상관리—연극적 사회분석론』, 경문사, 1987, 99쪽.

제적 주인공의 사적인 이야기를 엿듣는다. 그래서 주인공은 집이라는 사적 영역이 항상 침범 당하기 때문에, 오히려 익명성이 보장되는 공적 영역인 거리에서 자신만의 시간을 갖는다.

문턱은 인물들 사이의 갈등이 표출된다는 점에서 다성성과 대화성의 발현 장소가 된다. 문턱은 "위기, 급격한 교체, 운명의 예기치 않은 급변이 벌어지고, 여러 결정이 내려지고, 금단의 경계선이 무너지고 갱생이 이루어지나 소멸당하기"[21]도 한다. 세 영화에서 방은 밀폐되고 단일한 공간이지만, 현관, 층계, 문턱 등은 각 집안의 문제점을 표출시키는 다성성의 공간이다. 이웃들은 계단, 현관 밖에서 각 집안의 소리를 엿듣고 동참하여 아파트 전체의 문제로 확대하는 등 여러 목소리로 퍼져 나간다. 그래서 현관과 계단은 위기와 급변, 다성적 목소리의 공간이다.

〈우리집 문제〉의 전반적인 특징은 우편국장이 자신의 친척이나 이웃의 문제를 지켜보다가 개입하는 방식이기 때문에, 전체 시리즈의 주인공은 우편국장이고 각 시리즈의 주인공은 문제 당사자와 그의 가족이다. 이런 인물들의 구성과 개입으로 영화는 이중적 목소리를 내면서 다성성을 보여주는데, 그러한 개입이 이루어지는 공간이 바로 문턱이다. 그래서 문턱은 생/사, 거짓/진실, 이성/광기의 경계이며, 결함이 많은 문제적 주인공의 행위를 위기와 급변의 지점에 이르게 만든다.

---

21) 미하일 미하일로비치 바흐찐, 앞의 책, 247-248쪽.

### 3) 광장: 스캔들과 파국의 공간

　광장은 모든 것을 극단, 경계선, 한계점까지 밀고 가는 '스캔들과 파국의 공간'22)이다. 비판 장면은 바로 '폭로의 플롯'23)에서 노출되는 중요한 지점이 된다. 이때 영화 속에서 주요 무대인 간부아파트의 가옥 구조는 거실이 없고 큰방과 작은방만 있고 두 방 사이에는 미닫이문이 있다. 그런데 비판 장면은 항상 이 두 방 사이의 미닫이문을 열고 넓은 공간을 만들어 등장인물 모두가 모여 앉아 토론을 벌이는 광장으로 변화시킨다. 즉 단일성의 공간이 다성성의 공간으로 바뀌고, 사적 공간이 공적 공간으로 바뀌게 된다. 광장은 이전의 권력자를 쫓아내는 민중적 조롱의 이미지이다. 그래서 문제적 주인공이 추하게 처신했던 일이 폭로되면서 냉소적인 타산이 드러나고, 광장에서와 같이 거리낌 없이 가면을 벗기는 분위기를 조성시키게 된다.

　이런 스캔들과 박탈의 장인 광장에서 모든 것은 '정상적인' 일상생활의 흐름 속에서는 예기치 않고, 부적합하고, 양립할 수 없고, 허용될 수 없는 것들이다. 광장에서는 통상적인 생활로부터, 말하자면 정상적 궤도의 생활로부터 이탈한 생활을 묘사하고, 인간의 모든 위계적 지위를 뒤집고 그 지위를 희롱하며, 역전, 이변, 신비화에 차서 묘사되는 모든

---

22) 광장은 식당, 거실, 홀 등이다.—미하일 미하일로비치 바흐찐, 위의 책, 190-219쪽.

23) 채트만에 의하면 "해결의 플롯에서 전개는 해결이며, 폭로의 플롯에서는 노출"이다.
　— 시모어 채트먼, 앞의 책, 55쪽.

세계를 거리낌 없는 접촉의 장(場)에서 지각한다.24) 그래서 세 영화의 후반부에서 비판 장면은 이러한 '찌뿌등한 삶'과 '광장적인 삶'25) 사이의 갈등을 보여준다. 세 영화는 부정인물을 주인공으로 하기 때문에 정상적인 궤도에서 벗어나 북한 현실의 이면적인 모순을 드러내게 한다. 후반부의 비판 장면과 말다툼은 자유로움, 독창성, 상호모순성, 상대성, 상호배반적 이중성을 보여준다. 염문, 괴상한 행위, 적합지 못한 말씨와 발언의 장면들은 통념적이고 인습적인 사건들의 진행과 어투, 행동, 예절 등 기존 규준을 송두리째 위반하는 것이다. 스캔들26)과 기행은 서사적, 비극적인 세계의 통일성을 파괴하고, 견고하고 정상적인 인간사의 흐름에 구멍을 뚫고, 인간의 행위를 미리 내정된 인간의 규범과 동기로부터 해방시킨다. 그래서 비판 장면에서 주인공의 스캔들과 파국은 교조적 목소리에 대한 비판이자 그로부터의 해방이다.

이런 점에서 볼 때 이상적인 적대자는 일면적인 삶과 사상의 진지성과 일면적인 파토스를 표현하는 반면, 문제적 주인공은 그 진시성과 일면성 이면의 모순과 다양성을 드러낸다. 우편국장은 이상적인 적대자를

---

24) 미하일 미하일로비치 바흐찐, 앞의 책, 219-230쪽.

25) 두 가지의 삶이 있다. 하나는 공포, 도그마티즘, 공경, 경건함으로 가득 찬 엄격한 위계질서에 예속된 공식적이고 천편일률적으로 진지하고 찌뿌등한 삶이다. 다른 하나는 상호모순적인 이중적 웃음, 성물모독, 성스러운 모든 것의 속악화, 비속화, 모든 사람과 모든 것과의 친밀한 접촉으로 가득 찬 자유분방하고 카니발 광장적인 삶이 있다.

26) 예술적 구조에 있어서 이러한 스캔들은 서사적 사건 및 비극적 파국과 극히 틀리다. 또한 그것은 희극적인 말다툼이나 폭로하기와도 본질적으로 다르다.

옹호하는 반면, 문제적 주인공의 결함을 비판하면서 계속 종지부를 찍지만, 그런 최종적 결말에도 불구하고 여러 목소리는 자꾸 되살아난다. 그래서 세 영화는 '커다란 대화' 속에서 삶과 사상의 다양성들을 충돌시키며 그 대화를 벌여 놓는다. 교조적인 목소리가 썩은 밧줄로 변하며 대화의 집요한 카니발화가 벌어진다. 이런 카니발화는 교체와 갱신의 파토스로 모든 것을 상대화시키고 심층으로 파고들게 하여 인간의 이중적이고 미완성적인 본성이 밖으로 드러나게 만든다. 세 편의 영화는 문제적 인물인 주인공의 대관, 스캔들, 박탈의 과정을 보여주며, 주인공은 전반부의 상승 단계, 중반부의 충돌 단계, 후반부의 하강 단계를 거치게 된다. 그래서 〈우리 삼촌집 문제〉, 〈우리 누이집 문제〉, 〈우리 사돈집 문제〉의 비판 장면은 북한 사회에서 상층계급인 주인공의 위선과 탐욕이 폭로되는 한편, 관객도 일반적으로 가지고 있는 욕구가 주인공을 통해 드러난다.[27]

---

[27] 그래서 〈우리 삼촌집 문제〉, 〈우리 누이집 문제〉, 〈우리 사돈집 문제〉의 비판 장면은 문제적 인물인 주인공과 이상적 인물인 적대자의 갈등을 통해 공식적이고 천편일률적인 찌뿌등한 삶과 자유분방하고 카니발 광장적인 삶의 충돌을 보여준다. 그래서 세 영화에서 문턱은 갈등의 시작점, 전환, 촉발점이 되는 공간이고, 광장은 인물의 스캔들이 드러나고 파국이 일어나는 공간이다.

# 4. 반성 장면과 발화: 영상/소리, 주체/타자, 현실/이상의 갈등

## 1) 반성 장면: 시각/청각의 대립과 우편국장의 "가정은 사회의 세포"

[사진1-6] 〈우리 누이집 문제〉 시어머니가 며느리의 선행을 보고 반성하는 장면

〈우리 누이집 문제〉, 〈우리 사돈집 문제〉, 〈우리 삼촌집 문제〉의 비판 장면 뒤에는 반드시 반성 장면이 따라온다. 세 영화의 마지막 부분에서 문제가 많은 주인공은 항상 우편국장의 말을 '보이스 오버'[28]로 되새기면서 자신을 반성한다. 〈우리 삼촌집 문제〉에서 처장은 자신이 박대한 옛날 은사인 교장의 딸에게 거절당하고 사표를 쓴 여자지도원 송선희를 찾아가서 상봉장면에 눈물을 흘린다.[29] 이때 "당에서 맡겨준 처장 자리

---

28) 관습적으로 보이스 인은 "화면 영역에서 발음된 목소리"를 말하며, 보이스 오프는 "프레임 밖이지만 인접한 공간에 있는 인물의 목소리"를 가리키며, 보이스 오버는 "구두 문장이 서술의 일부를 전달할 때, 스크린에 보이는 영상과 동시에 제시되는 시공간과는 다른 시공간에 위치한, 보이지 않는 발화자가 말할 때"를 의미한다.— 앙드레 고드로 & 프랑수아 조스트, 앞의 책, 114-115쪽.

29) 처장이 자신이 박대한 옛날 은사인 교장을 찾아간다. 교장은 제자인 처장이 수양이 부족해서 실수할까봐 걱정하다가 심장이 약해서 길에서 쓰러진다. 처장이 가까이 다

가 벼슬자리가 아니다"라고 말하는 형인 우편국장의 보이스 오버가 들리고 처장은 반성하게 된다. 〈우리 누이집 문제〉에서 시어머니는 가출한 며느리가 살며시 돌아와서는 자기 신발을 신발장에 넣어주는 것을 지켜보고는 감동하게 된다. 이때 "친딸처럼 도와줘. 일을 잘하게"라며 "가정은 사회의 세포"라고 강조하는 우편국장의 말이 보이스 오버로 들리고 누이는 반성하게 된다. 〈우리 사돈집 문제〉에서 지배인은 '아버지처럼 얼굴 새까매지게 일할 겁니다'라는 가출한 아들의 말을 떠올리며 그를 그리워한다. 이때 '건설 잘하는 것보다 아이가 더 중요하다'라는 우편국장의 말이 보이스 오버로 들리고 지배인은 반성하게 된다.

이처럼 반성 장면에서 주인공이 혼자 고뇌하는데 우편국장의 목소리가 항상 보이스 오버로 들려오고 대부분 "가정은 사회의 세포"라며 주인공의 반성을 촉구한다. 거리 장면은 괴로워하는 주인공과 즐거운 적대자 가정을 대조적으로 보여주며, 대개 눈이 내리면서 주인공의 고통스러운 얼굴 표정을 더욱 강조한다. 시각은 주인공의 얼굴을 보여주고 청각은 우편국장의 목소리를 들려준다. 반성 장면에서 청각이 시각을 압도한다. 마지막 장면은 주인공이 반성하는 영상 너머로 우편국장의 말이 보이스 오버로 들려온다. 반성할 때 주인공의 독백으로 할 수도 있는데 꼭 우편국장의 목소리를 보이스 오버로 들려준다. 주인공의 추악한

---

가가자 교장 딸이 자기 아버지 앞에 나타나지 말라고 막아서고, 처장은 돌아서며 눈물을 흘린다. 그는 이번에는 송선희 집을 찾아가는데, 송선희 가족은 재회로 인한 기쁨의 눈물을 흘리고 멀리서 지켜보던 그도 눈물을 흘린다.

육체를 시각으로 보여주고 우편국장의 설득력 있는 말을 청각으로 들려주면서 대비를 보여줌으로써 영화의 중대한 문제를 제기한다.

### 2) 타자의 발화: 주체/타자의 갈등과 보이스 오버

〈우리 누이집 문제〉, 〈우리 사돈집 문제〉, 〈우리 삼촌집 문제〉에서 보이스 오버로 시작할 때, 우리의 첫 번째 관심사는 이 목소리의 '출처를 찾는 것'이다. 이 목소리의 출처는 비판 장면에서의 우편국장의 대사이다. 그리고 우편국장의 목소리는 주인공의 생각 속에서 나온 것이다. 비판 장면에서 주인공은 고통스러워서 스캔들과 파국의 공간에서 도망쳐 버린다. 그리고 거리를 걷는데 계속 우편국장의 목소리가 들려온다. 결국 마지막의 반성 장면은 주인공의 육체와 우편국장의 목소리가 결합한다. 그래서 주인공은 목소리가 없고 육체만 있고, 우편국장은 육체는 없고 목소리만 있다. 둘 다 목소리와 육체가 분리된다. 보이스 오버는 보통 명시직이거나 하위적인 서술자이다. 그럼에도 불구하고 우편국장의 목소리는 안 보이는 공간까지 따라와서, 우편국장이 존재하지 않는 공간에서도 서서히 주인공을 잠식하기 시작한다. '저기' 있던 과거의 목소리가 '여기' 현재의 공간에서 일어난다. 바로 현재에 대한 과거의 지배이자 주체에 대한 타자의 발화 침투이다. 그래서 보이스 오버를 통한 주인공의 회상과 반성은 바로 목소리/육체, 과거/현재의 갈등을 드러낸다.

타자의 발화는 "계층적 위치 감각이 강하여 발화의 경계를 설명해주

며 응답, 주석하는 경향이 그 속으로 침투하는 것을 허용하지 않는다
."30) 세 영화에서 우편국장의 보이스 오버는 타자의 발화로서 발화 속
의 발화이며, 독자성을 유지하는 다른 사람의 발화로서 간접화법, 의사
직접화법이다. 타자의 발화는 독자성을 유지하기 때문에 자기의 것으로
체화되지 않는다. 그래서 교조적이고 공식적인 거대 담론으로 존재하며
이성과 당위성의 목소리를 체현하는데, 사실은 이성적인 것이 아니라
희생과 인내를 강조하는 원한과 가책의 목소리이다. 보이스 오버는 타
자의 발화가 주인공의 생각보다 더 강하고 우위에 있으며 주인공이 타
자에 의해 호명되고 있음을 인식시키고자 한다. 하지만 주인공은 고통
스러운 표정을 통해 그러한 강요를 거부하고자 하는 욕구를 표출시킨
다. 그래서 보이스 오버를 통한 주인공의 회상과 반성은 바로 주체/타자
의 갈등을 드러낸다.

이렇듯 보이스 오버는 주인공의 내적 갈등으로 하나의 육체에 두 개
의 목소리가 갈등하는 것을 형상화한 것이다. 주인공의 하나의 육체에
우편국장의 다른 한 목소리가 합쳐진다.31) 청각으로 들려오는 우편국장

---

30) 미하일 미하일로비치 바흐찐 & V.N. 볼로쉬노프, 송기한(역), 『마르크스주의와 언
  어철학』, 한겨레, 1988, 161-169쪽.

31) 담화 면에서 볼 때도 자기반성 후 다른 인물들과 화해하고 갈등을 해소하는 것이 아
  니라 혼자 있는 시간으로 끝나면서 열린 결말을 추구한다. 그리고 문제적 인물의 심정
  을 토로하는 장면을 넣음으로써 그 인물에 대한 일방적인 비판에 대해 이의를 제기한
  다. 우편국장의 보이스 오버는 타자(=우편국장)의 말을 통해 주인공 자신을 깨닫는다
  는 점에서 타인의 말 끼어들기이다.

의 보이스 오버와 시각으로 보여지는 인물의 얼굴은 두 발화의 상호작용, 대화를 보여준다. 그래서 주인공의 보이스 오버를 통한 회상은 인물의 반성을 담고 있는 반면 이중성을 통해 갈등과 충돌을 보여준다는 점에서 양가적이다. 세 영화는 다성적 목소리의 대화를 보여주고 있다.32) 즉 환경에 순종하라는 목소리와 그 환경에 맞서라는 주체의 목소리의 갈등을 보여준다. 영화는 영상과 음향이라는 이중의 방법을 사용하는데, 반성 장면에서는 영상으로는 주인공의 욕구 좌절로 인한 고통의 표정을 보여주고 음향으로는 우편국장의 질책의 목소리를 보이스 오버로 들려줘 영상과 음향의 상호모순성을 보여주고 있다. 이런 청각과 시각의 대비를 통해 우리는 상호모순성을 깨닫게 된다. 즉 이상은 멀고 현실이 고달프다는 것이다.

### 3) 비판 장면과 반성 장면: 공공연한 논쟁과 은닉된 논쟁의 충돌

〈우리 누이집 문제〉, 〈우리 사돈집 문제〉, 〈우리 삼촌집 문제〉는 이러한 두 개의 목소리의 충돌을 드러낸다. 비판 장면에서는 이러한 목소리들이 직접적으로 충돌하는 것이고, 마지막 반성 장면에서는 내적인 갈

---

32) 〈우리집 문제〉 초기 시리즈에서는 반성 이후에 달라진 현실을 보여주면서 해피엔딩을 강조하고 우편국장의 보이스오버와 인물의 생각이 통일되고 있다는 점에서 주인공의 결함에 대한 관용과 수동적 수용을 드러낸다. 반면에 후기 시리즈에서는 보이스 오버를 테두리 내에서 수용하며 반성하는 비극적이고 장엄한 분위기를 강조하여 타자의 발화의 능동적 수용과 주인공의 결함에 대한 비판이 강화되고 있다.

등으로 내면화되는 경우이다. 전자는 "공공연한 논쟁"이고, 후자는 "은 닉된 논쟁"33)33)이다. 그래서 은닉된 논쟁적 말이 이중적 목소리를 띠고 있다. 이처럼 비판 장면과 반성 장면은 공공연한 논쟁과 은닉된 논쟁의 충돌이다. 비판 장면에서는 우편국장을 위시한 다수의 인물들이 주인공에게 체제의 요구에 순종하라는 공공연한 논쟁을 벌인다면, 반성 장면에서는 주인공이 체제의 요구를 대변하는 우편국장의 보이스 오버에 대해 자신의 욕구를 드러내고 타인의 말 즉 우편국장으로 대변되는 체제의 요구에 저항하려는 은닉된 논쟁을 보여준다.

세 영화는 고귀하고 이상적인 인물이 승리하고, 탐욕적이고 현실적인 인물이 패배하고 자기 과오를 뉘우친다는 권선징악 구조이다. 하지만 영화를 보는 동안 현실적인 인물의 패배가 석연치 않게 느껴지는 것은 바로 그 현실적인 인물이 주인공으로 설정되어 관객이 그와 동일시를 해왔기 때문이고, 실제적으로 그 인물의 탐욕이라는 것이 대중이 가질 수 있는 일반적인 욕구라는 점이다. 그래서 〈우리집 문제〉 시리즈에서 탐욕적이고 현실적인 인물을 주인공으로 설정한 것이 바로 체제와 집단

---

33) 공공연한 논쟁은 "논박당하는 타인의 말을 그대로 자신의 대상으로 삼"으며, 은닉된 논쟁에서 "말은 통상적인 대상을 향해 있는 채로 그 대상의 이름을 짓고 묘사하고 표현하며, 간접적으로만 타인의 말을 공격하고, 흡사 대상 자체 속에서인 양 타인의 말과 충돌"한다. 은닉된 논쟁에서 "작자의 말은 다른 모든 말처럼 그 자신의 대상을 향해 있지만, 이때 대상에 대한 각 주장은 그 대상적 의미를 떠나서 같은 대상에 관한 타인의 주장이나 똑같은 테마에 대한 타인의 말을 무너뜨리게끔 세워져 있다." 자신의 대상에 지향되어 있는 말은 그 대상 자체에서 타인의 말과 충돌한다.— 미하일 미하일로비치 바흐찐 & V.N. 볼로쉬노프, 앞의 책, 282-283쪽.

의 당위성 논리에 대한 비판이라는 주제와 연결될 수 있는 것이다. 이처럼 세 영화는 '커다란 대화' 속에서 그것들을 충돌시키며 그 대화를 벌여 놓은 채로 내버려 두고 종지부를 찍지 않는다. 이런 점에서 우편국장의 보이스 오버는 새로운 우리들의 이해와 평가를 불가피하게 받아들이며 하나의 말 속에서 두 개의 의미가 충돌하여 이중적 목소리를 띠게 되는 것이다.


## 5. 북한 체제의 변화와 북한 영화의 갈등

여태까지의 다수의 북한 영화 연구는 북한 영화에 대한 북한 체제의 일방향적 영향과 통제를 강조하며, 북한 영화와 북한 대중은 북한 체제라는 초월적 주체에 의해 획일적으로 호명된다고 설명한다. 하지만 북한 영화에 대한 이런 일방향적이고 획일적인 평가에서 본다면 앞에서 말한 〈우리집 문제〉 시리즈에 대한 체제의 부정적인 평가와 대중의 호응이라는 상반된 결과를 설명해내기 힘들다. 이에 필자는 북한 영화 〈우리집 문제〉 시리즈가 북한 체제이념을 표피에 전시하지만, 그 이면에 결과적으로 북한 체제가 은닉하고 있는 북한인민들의 생활정서상의 갈등이 노출되고 있다는 전제에 근거한다. 그래서 필자는 북한 영화가 북한 체제의 요구와 북한 대중의 욕구 충돌이기 때문에 초월적 주체에 의한 호명·봉합이면서 동시에 다성성과 욕구 표출이라는 점을 주장하고자 한다. 즉 북한 영화는 '그 획일성에도 불구하고 제한적이지만 장르의 상호 작용이 적용되며 체제의 균열, 모순과 대중의 욕구가 반영되고 있다.'[34]

〈우리 누이집 문제〉, 〈우리 사돈집 문제〉, 〈우리 삼촌집 문제〉가 제작된 시기는 김정일 후계체제 시기이다. 김정일 후계체제 시기(1980-1991년)는 '주체 사실주의, 숨은 영웅 형상 영화, 혁명영화들, 가족영화, 시대극 영화들이 제작되었으며, 김일성 가계 우상화 영화가 확산되는 한편 다양성과 인민성이 강화된다.'[35] 1967년의 문학 예술계 반종파 투쟁을 통해 일당 일인 체제의 수령 형상화 중심의 영화 제작은 1980년대부터 변화를 보이기 시작한다. 즉 "편향된 작품들의 지속적인 양산 결과 북한 주민들의 정치적 설득력이 떨어진다고 판단되어 생활에 밀착된 소재와 일반 주민들이 주인공으로 등장하며 일상생활에서 정치적 메시지를 찾게 하는"[36] 시기이다. 그래서 이 시기는 영화 소재의 다양성이 확산되고 인민성이 상대적으로 강화되어, 다양한 영화 장르로의 확산이 이루어지며 관객의 수용자 지향성이 영화의 가장 중요한 평가 기준으로 등장하게 된다.[37]

---

34) 서곡숙, 「거짓말/방문/가출이라는 북한 영화의 내러티브 반복과 연기/침입/일탈이라는 북한 여성의 자아정체성 재현」, 『영화연구』, 33호, 2007년 9월 23일, 139쪽.

35) 민병욱, 『북한 영화의 역사적 이해』, 역락, 2005, 171-194쪽.

36) 변혜정, 「영화에서 재현되는 여자다움과 그 의미」, 『통일과 여성 - 북한 여성의 삶』, 이화여자대학교 출판부, 2001, 220쪽.

37) 민병욱, 『북한 영화의 역사적 이해』, 역락, 2005, 193쪽.

북한 영화 제작에 있어서의 통제적 방침 속에서 작가나 감독이 이러한 의도를 갖고 영화를 만들기는 힘들다. 〈우리집 문제〉 시리즈의 애초 의도는 북한 대중의 모범이 되어야 할 당 간부의 문제를 비판하여 더 발전된 북한 사회를 이끌어나가야 한다는 것이었다. 이 영화들을 보는 북한 대중의 일반적인 평가는 재미있다는 것이었다. 그렇다면 이 영화들을 보는 관객들의 쾌락이 어디에서 근거하는지에 대해 생각해 볼 필요가 있다. 그리고 이 과정에서 북한 체제의 영화 제작에 대한 일방향적인 통제와 작가·감독의 원칙에 충실한 제작 등에도 불구하고 영화 텍스트가 자율성을 가지며 그 독해 과정에서 관객이 다른 의미들을 적극적으로 발견하고 호응했을 가능성을 배제하기 힘들다. 왜냐하면 "예술작품은 관객의 변화를 추수하기 때문에 정치적으로는 감히 언명할 수 없는 변화적 양태를, 작품 속에서는 은연중 정서적 형태로 재현"38)할 수 있기 때문이다. 그래서 작가나 감독이 외면적으로 추구하고자 하는 영화의 궁극적인 메시지와 주제 의식은 획일적이고 독백적이지만, 작기나 감독의 의지와는 상관없이 텍스트 자체가 '다성성'의 징후를 내포하고 있다는 점이 바로 관객의 호응을 받은 요소들 중 한 부분일 수 있다. 즉 1980년대 북한 체제에서 바흐찐이 말했던 '다성적', '대화적', '카니발적' 텍스트를 의도적으로 생산되고 소통시킨 것이 아니라 그들의 통제

---

38) 정재형, 「제2세대 북한 영화연구의 서장을 열며」, 정재형(편), 『북한 영화에 대해 알고 싶은 다섯 가지—제2세대 북한 영화연구—』, 집문당, 2004, 7쪽.

와 요구와는 별도로 관객이 이 텍스트들을 다양하게 해석한 지점이 있을 수 있다.

〈우리집 문제〉 시리즈에서 드러나는 이러한 균열의 지점이 바로 관객의 즐거움의 토대가 될 수 있다. 이 영화들은 관객을 북한 주민으로 '호명'하고 북한 체제와 이데올로기로 '봉합'시키는 작용과, 공식 담론을 거부하고자 하는 관객의 욕구 사이의 갈등을 보여준다고 할 수 있다. 이런 갈등과 충돌을 가장 잘 보여주는 것이 바로 문제적 주인공이며, 특히 비판 장면과 반성 장면에서 극대화된다. 〈우리집 문제〉 시리즈의 제목은 모두 〈우리 ○○집 문제〉로서 어떤 한 집의 문제를 중심으로 이야기가 펼쳐지며, 각 에피소드의 주인공은 우편국장의 친인척이나 이웃이며 대부분 당 간부이다. 그래서 이 시리즈는 크게 두 가지의 상반된 특징들로 관객의 즐거움을 창출한다. 우선 상층계급이자 당 간부인 문제적 주인공은 바로 북한 체제가 안고 있는 모순을 대변하는 인물이자 민중적 조롱의 대상이라는 점에서, 부정적 인물의 가면 벗기기는 바로 북한 체제의 모순에 대한 비판이 된다. 다음으로 문제적 주인공의 결함은 바로 관객들 자신들도 겪는 문제들이라는 점에서 주인공의 생각에 대한 공감을 이끌어내면서, 사회체제의 모순에 대한 책임을 한 개인에게 전가시키려는 북한 체제가 안고 있는 문제에 대해 성찰하게 만든다. 바로 이러한 양가적 감정, 즉 조롱으로 인한 통쾌함과 동일시로 인한 공감이라는 관객의 상반된 욕구 충족이 이 시리즈 영화들의 흥행 요인들 중 한 부분이 아닐까 한다.

<h1 style="text-align:center">제2장 북한 영화의 정동</h1>

〈우리 웃집 문제〉, 〈우리 아래집 문제〉, 〈우리 사돈집 문제〉에서 드러나는<br>의식/사유, 도덕/윤리, 슬픔/기쁨의 갈등

제2장은 북한 영화의 정동에 대해 고찰한다. 특히 북한 영화 〈우리 웃집 문제〉, 〈우리 아래집 문제〉, 〈우리 사돈집 문제〉에서 드러나는 세 가지 문제, 즉 뇌물 문제, 선악 문제, 고발 문제를 통해 세 가지 갈등에 대해 논의한다. 첫 번째, 의식과 사유의 갈등이다. 원인/효과, 정신/육체와 연관되는 '뇌물 문제'는 문제의 효과만을 인식하는 '의식'과 문제의 원인을 인식하는 '사유' 사이의 갈등을 보여준다. 두 번째, 도덕과 윤리의 갈등이다. 이상/현실, 당위성/능력과 관계되는 '선악 문제'는 고정된 토대와 식량난에 직면하여 이상/현실을 선악으로 규정하여, 당위성의 논리를 펼치는 '도덕'과 그것이 능력의 문제라는 것을 깨닫는 '윤리' 사이의 갈등을 보여준다. 세 번째, 슬픔과 기쁨의 갈등이다. 생활총화라는 '고발 문제'는 자아비판을 통한 가책의 인간 만들기와 호상 비판을 통한 원한의 인간 만들기이며, 체제를 유지하는 노예/사제/폭군의 '슬픔'과 능동적인 변이를 생성하고자 하는 자유인의 '기쁨' 사이의 갈등을 보여준다.

북한 영화에서 북한 사회는 도덕과 윤리 사이의 문제를 보여주는 기독교적 가치 체계를 가진다. 〈우리집 문제〉 시리즈는 뇌물문화와 고발문화를 통해 이러한 문제를 제기한다. 이 시리즈의 문제들은 인물들이 뇌물문화를 정신의 문제로 착각하지만, 상품 부족과 고정된 출처로 인해 발생했다는 점에서 정신과 육체 간의 상호작용 결과라는 것을 동시에 보여준다. 이 시리즈는

고발문화를 선악의 도덕적 문제로 착각하지만, 윤리적 문제와도 관련이 있음을 동시에 보여준다. 이 시리즈의 문제들은 한편으로는 등장인물들이 "문제를 빠개자!"라고 말하면서도 그 원인을 착각하지만, 다른 한편으로는 그것이 내적 불일치와 관련이 있으며 그들이 그것을 해결하고자 하는 욕구가 있음을 보여준다.

| 핵심어 | 북한 영화, 〈우리 웃집 문제〉, 〈우리 아래집 문제〉, 〈우리 사돈집 문제〉, 뇌물문화, 고발문화, 의식과 사유, 도덕과 윤리, 슬픔과 기쁨.

## 1. 북한 영화에서 드러나는 삼중의 고발

스피노자를 스캔들의 대상으로 만들었던 실천적 논제들은 의식에 대한 고발, 가치들에 대한 고발, 슬픈 정념들에 대한 고발이라는 삼중의 고발을 함축한다. 이것이 바로 그를 유물론, 비도덕주의, 무신론으로 비난했던 이유들이다.

첫째, 스피노자는 의식에 대해 평가절하하고 사유에 대해 옹호한다는 점에서, 의식을 고발한다. 그에 의하면, "원인들의 질서는 끊임없이 자연 전체를 '정동'시키는 관계들의 결합과 해체의 질서"이며, "의식은 원인을 알지 못하고 효과만을 아는 반면, 사유는 원인과 효과를 모두 아는 것"39)이다.

둘째, 스피노자는 선악(= 도덕)에 대해 가치절하하고 '좋음과 나쁨'(= 윤리)에 대해 옹호한다는 점에서, 가치를 고발한다. 선과 악은 없으며, 서로 결합되는 관계들에 따라 좋음과 나쁨이 있다. 좋음은 '한 신체가 우리 신체와 직접적으로 관계를 구성할 때 우리 신체의 능력이 증가할 때'를 지시하며, 나쁨은 '우리 신체의 관계를 해체할 때'40)이다.

셋째, 스피노자는 슬픈 정념들에 대한 가치절하와 기쁜 정념들에 대해 옹호한다는 점에서, 슬픈 정념들을 고발한다. '슬픈 정념들은 삶에

---

39) 질 들뢰즈b, 박기순(역), 『스피노자의 철학』, 민음사, 1999/2004, 34-35쪽.
40) 질 들뢰즈b, 앞의 책, 32-43쪽.

대한 증오이며 죽음의 철학이라면, 기쁜 정념들은 삶에 대한 옹호이며 삶의 철학이다.'41) 스피노자는 이런 삼중의 고발을 통해 '군주제의 커다란 비밀과 그것의 근본적인 관심은 인간들을 속박할 때 이용하는 공포를 종교의 이름으로 가장하면서 인간들을 속이는 것'42)이라며 이를 비판한다.

북한의 김일성 주체사상은 기독교의 유일신 사상과 일정 부분 유사한 특성을 보인다. 주체사상은 자주성, 창조성, 의식성이 수령의 영도에 의해서만 가능하다는 점에서, 동어반복을 통한 집단최면, 확대재생산을 통해 김일성 개인에 대한 숭배를 이뤄내고 있다. 주체사상이란 "지도자 개인에 대한 종교적 숭배와 그를 전체주의의 핵심으로 상징 조작하는 일인독재 권력이론"이며, 북한은 김일성교 국가이며 "김일성교는 기독교와 흡사한 교리체계와 실천적 강령들, 그리고 행동양식들로 이루어져 있음을 도처에 발견"43)할 수 있다. 수령, 당, 대중은 삼위일체의 구성체가 되며 주체사싱은 기독교 교리가 되고, '김일싱은 하나님과 동일시되녀 북한의 생활총화는 기독교의 예배와 집회 형식과 유사'44)하다. 김일성교

---

41) 질 들뢰즈b, 위의 책, 32-43쪽.

42) 질 들뢰즈b, 위의 책, 42쪽.

43) 서정남, 『서정남의 북한 영화탐사』, 생각의 나무, 2002, 75-77쪽.

44) 예를 들면, 일주일에 한 번 교회에 나가서 하나님 말씀에 어긋난 행동 즉, 죄에 대해 용서를 구하고 기도하는 것은 일주일에 한 번 김일성 교시에 맞게 생활했는지 안 했는지 반성하는 생활총화와 같고, 교회에서 하나님이 모든 것을 해결해 주신다고 하는데 저쪽에서도 김일성이 다 해결해 준다고 한다.— 배용선, 「순응하면서 사는 삶」, 여성

는 단지 북한 주민들에게 내세를 약속하지 않았을 뿐, 실제로는 모든 종교적 계율로 통치되는 제정일치 사회의 모습을 고스란히 보여주고 있다.

북한 체제가 일정 정도는 군주제와 종교적 특성을 갖고 있기 때문에 북한 영화도 스피노자가 앞서 제기한 삼중의 고발과 관련되는 의식/사유, 도덕/윤리, 슬픔/기쁨의 갈등을 표출하고 있다. 북한 영화들 중에서도 〈우리집 문제〉 시리즈는 이러한 갈등을 여러 편의 작품에 걸쳐 제기하고 있다. 〈우리집 문제〉 시리즈는 다부작 시리즈로서 12편이 제작되었으며, 정무원의 문화예술부 산하기관인 '조선예술영화촬영소'[45]에서 제작되었다. 그리고 〈우리집 문제〉 시리즈의 제작 시기는 1980년대 후반부터 1990년대 초반까지로 '김정일 후계체제 시기와 김정일 체제모색 시기'[46] 사이에 위치해, 김일성과 김정일 체제의 과도기적 성격을 보임과 동시에 김정일이 권력 기반을 공고히 하려는 노력과 맞물려 있다.

---

한국사회연구소(편), 『북한 여성들의 삶과 꿈』, 사회문화연구소, 2001/2002, 238쪽.

45) 북한에는 '조선예술영화촬영소'를 비롯, '조선4·25예술영화촬영소', '조선기록영화촬영소', '조선과학교육영화촬영소' 등 4개의 영화 제작소가 있다. 이들 촬영소는 영화인 동맹과는 협조관계에 있다.— 이철훈, 「북한 영화정책의 시기별 변천과정 연구」, 연세대학교 행정대학원 북한학전공 석사학위논문, 1997, 29-30쪽.

46) 김정일 후계체제 시기(1980-1991년)는 주체사실주의, 숨은영웅형상영화, 혁명영화들, 가족영화, 시대극영화들이 제작되었으며, 김일성 가계 우상화 영화가 확산되는 한편 다양성, 인민성이 강화된다. 김정일 체제모색시기(1991-현재)는 주체사실주의, 우상화영화, 가족영화, 시대극영화, 경희극 등 가벼운 주제의 영화가 제작되며, 〈민족과 운명〉을 중심으로 숨은영웅형상영화와 우상화영화가 확산되고 있다.— 민병욱, 『북한영화의 역사적 이해』, 역락, 2005.

[사진2-1] 〈우리 웃집 문제〉, 〈우리 아래집 문제〉

〈우리집 문제〉 시리즈 중에서도 〈우리 웃집 문제〉(1980), 〈우리 아래집 문제〉(1980), 〈우리 사돈집 문제〉(1982)는 세 가지 문제를 통해서 앞서 말한 갈등을 구체적으로 제기하고 있다. 그래서 필자는 원인/효과, 정신/육체와 연관되는 뇌물 문제에서 드러나는 의식/사유의 갈등(=2절), 이상/현실, 당위성/능력과 관계되는 선악 문제에서 드러나는 도덕/윤리의 갈등(=3절), 자아비판/호상비판과 가책/원한의 인간과 연관되는 고발 문제에서 드러나는 슬픔/기쁨의 갈등(=4절)을 중심으로 세 편의 영화를 살펴보고자 한다.

## 2. 뇌물: 원인/효과, 정신/육체, 의식/사유의 갈등

북한 사회는 고등학교를 졸업하면 진로가 결정되는데 세 가지 길 즉 대학 진학, 군대 입대[47], 사회 진출로 나누어진다. 〈우리 웃집 문제〉,

<우리 아래집 문제>, <우리 사돈집 문제>에서는 주로 대학 진학과 사회 진출의 문제를 다루고 있다. 첫째, 대학 진학 문제이다. 북한에서는 좋은 토대(=출신성분)와 담임교사의 추천이 있어야만 하기 때문에, 대학에 진학하는 것이 어렵다. 정책은 실력적이라고 하지만 부모의 출신성분에 따라 대학 진학을 결정하기 때문에 출신성분이 나쁘면 대학에 갈 수 없다. 그리고 '담임교사, 사로청 위원장 교사, 노동부 직원'48)이 함께 학생들의 대학진로를 결정하며, 한 번밖에 기회가 없고 경쟁이 치열하기 때문에 출신성분이 좋아도 부모의 지원이 필요하다.

[사진2-2] <우리 사돈집 문제> 우편국장의 딸이 미래 시댁과 갈등하는 장면(좌)와 화해하는 장면(우)

---

47) 예전에는 군대를 선호했지만 지금은 대학을 선호한다. 왜냐하면 군대는 10년이나 있어야 하고 기술이 없기 때문에 취직이나 결혼이 어려운 반면에, 대학생은 취직이나 결혼이 잘 되기 때문이다.

48) 각자 가고 싶은 대학을 써내면 담임교사가 학생들을 파악해서 추천을 하는데 학교마다 대학의 입학정원이 배당되어 있는데 한 학급에 6명 정도 배당된다. 시에는 노동부가 있고 학교에는 사로청 위원장이라는 선생이 있는데 그 둘과 담임교사가 함께 학생들의 대학진로를 결정한다.

<우리 사돈집 문제>에서 우편국장의 사돈이 될 건설공사 지배인은 삼복고등중학교 5학년인 17살 둘째 아들 문호를 좋은 대학에 진학시키고자 한다. 문호의 대학 진학은 아버지가 간부로서 높은 지위에 있기 때문에 출신성분은 장애물이 되지 않는 반면, 다른 두 가지가 장애물로 작용한다. 우선, 둘째 아들 문호가 '학교에서 소문난 문제아'[49]라는 사실이다. 다음으로, 진로를 맡고 있는 지도원인 교사가 바로 장차 지배인의 며느리가 될 우편국장의 딸인데, 공부와 생활에서 문제가 많은 문호의 대학 추천에 대해서 강하게 반대한다는 사실이다. 그래서 결국은 둘째 아들 문호의 대학 진학 문제는 큰아들의 결혼 문제에까지 영향을 미치게 된다.

이런 두 가지 장애물에 직면하자 문호의 아버지는 "자기가 지배인일 때 문호의 앞길을 닦아놓겠다"라고 말하면서 아들의 대학 진학을 위해서 두 가지 방법을 사용한다. 우선, 그는 담임교사에게 영향력을 행사한다. 다음으로, 그는 모집과정에게 칭덕을 한다. 북한에서는 영향력 있는 사람들을 많이 알아 품앗이(=연줄, 청탁), 종이 바르기와 물질 고이기(=

---

49) 공부에는 전혀 뜻이 없으며 계속 말썽을 부리다가 들켜서 담임교사와 지도원교사가 걱정을 한다. 예를 들면, 문호는 공부보다는 축구, 새 옷 사입기, 전축 음악 듣기 등을 더 좋아하고, 남의 자전거를 몰래 타다가 부서지게 만들고, 떨어진 돈 50원을 주인(=우편국장 아내)에게 돌려주지 않고 몰래 주워서 챙기고, 그 돈으로 친구들과 밤늦게까지 맥주를 마시고 기타를 치며 놀다가 어른들에게 들키고, 시험시간에 부정행위를 하고 다른 아이 답안지에 자기 이름을 써서 제출을 하다가 담임교사에게 들키고, 아버지가 야단치자 가출을 해버린다.

뇌물 바치기) 등을 하면 대학입학이 가능하기 때문이다. 지배인이 사용하는 방법은 북한에서 대학 진학을 위해 흔히 사용하는 것이지만, 이런 사실을 사돈이 될 우편국장 부부에게 들키게 되면서 계속 문제가 발생한다.

둘째, 사회 진출 문제는 직장 배정, 근무 지역, 의식주 배급 등의 문제로 나누어진다. 우선, 직장 배정 문제이다. 북한 사회에서는 출신성분이 안 좋으면 좋은 일자리를 얻기가 힘들다. 왜냐하면 직장은 '졸업 후에 학생들이 원하는 곳이 아니라 학교에서 무리 배치를 하는데, 간부의 자식들은 좋은 다른 곳으로 빼내 가지만, 노동자의 자식들은 다른 곳으로 빼내 가는 것이 어렵기 때문'50)이다. 북한에서는 학교를 졸업하면 노동과에서 공장에 명단을 보내는데, 호평을 못 받는 공장에서는 빼주지 않으려고 하며, 이때 청탁으로 술, 담배, 옷이 제공된다.

[사진2-3] 〈우리 아래집 문제〉 아랫집 부부가 우편국장에게 청탁하는 장면(좌)과
공사 담당자에게 청탁하는 장면(우)

---

50) 정순덕, 「필남의 색동옷」, 여성한국사회연구소(편), 앞의 책, 127쪽.

<우리 아래집 문제>에서 우편국장의 아랫집에 살고 있는 건설 도행정회 차장인 남편과 큰 여관의 접대과장인 아내는 둘째딸을 좋은 곳에 사회진출 시키고자 애쓴다. 아내는 구류병이 있는 둘째딸이 방직공장에 무리 배치되자 우편국으로 빼내기 위해서 두 가지 방법을 사용한다. 우선 우편국장에게 둘째딸의 취직을 청탁한다. 다음으로 남편으로 하여금 탈락된 우편국 기계실 건설을 우선적으로 하게끔 간섭한다. 남편이 간부인 아랫집 아내는 뇌물과 청탁 방법을 사용한다. 그런데 문제는 다른 곳에서 발생한다. 부역노동과에서 전화를 해서 둘째딸이 이미 방직공장에 배치되었을 뿐만 아니라 간부가족들이 모두 빠져나가면 다른 아이들에게 주는 영향이 좋지 않기 때문에 빼줄 수가 없다고 말한다. 아내는 둘째딸의 우편국 취직이 실패로 돌아가자 새로 짓는 수양아파트에 입주하고 싶어서, 남편으로 하여금 우편국 기계실 공사를 중단하고 수양아파트 공사를 하도록 다시 간섭하면서 계속 문제가 발생한다.

다음으로, 근무 지역 문세이나. 근무 지역은 평양/오지/외국이라는 세 곳이 서로 대조적으로 그려진다. <우리 웃집 문제>에서 우편국장의 윗집에 사는 지도원인 남편과 식당 책임자인 아내는 기계기사인 큰딸 수옥에게 애인인 우편국 직원 설계기사 승준이 산간지대로 자원하자 그와 헤어지라고 종용한다. 북한 사회에서 근무 지역은 단순히 지역의 문제가 아니다. 똑똑하고 머리가 좋은 사람들도 성분이 나쁘면 그냥 시골에서 썩는 반면, 출신성분이 좋은 인재들은 다 평양으로 가기 때문에 평양과 평안도에 사는 것 자체가 혜택이 된다.

북한 사회에서 오지 근무는 심각한 문제이다. 토대가 나쁘거나 일을 못하거나 가족이나 친척이 탈북하면 나머지 가족들은 모두 농촌-산간지대-탄광지대 순서로 추방당하게 된다. 오지는 생계가 어렵고 거주이전의 자유가 없기 때문에 직장이 이동되기 전에는 도시로 갈 수도 없다. 그리고, 한 달 월급이 50원인데 기차표가 5원으로 비싸고, '증명서'[51]가 없으면 기차표를 살 수 없기 때문에 가족이 오지로 가면 만나기가 힘들다. 여행 딱지를 받기 위해서는 증명서를 제출하는 것뿐만 아니라 뇌물이나 연줄을 이용해야 가능하고 시간도 오래 걸린다. 그래서 북한에서는 자식을 결혼시켜 '먼 데 보내 놓으면 몇 년에 한 번 보기도 힘들기 때문에 모두 가까이 보내려고 애를 쓰는 것'[52]이다.

그래서 윗집 아내는 외국으로 근무를 나가는 명수와 딸 수옥을 결혼시키고자 애쓴다. 소련이나 다른 외국으로 나갈 수 있는 사람은 토대가 좋든지 돈이 있든지 적어도 한 가지라도 받쳐 주어야 하기 때문에 외국 근무는 특권계층만이 가능한 일이다. 또 외국에 가는 것은 다른 나라의 문물을 볼 수 있고 돈을 많이 벌어서 선호한다. 그런데 무역대표부에 근무하여 모스크바에 4년간 근무하러 갈 예정인 남편 명수와 수옥이 함께 공항에서 떠나려고 하는 찰나에 남편의 상사로부터 외국 근무가 취소되

---

51) 국내 여행증은 두 종류가 있는데, 빨간 딱지는 국경지대가 아닌 곳으로서 주로 평양을 갈 수 있는 것이고, 파란 딱지는 국경지대를 갈 수 있는 것이다.

52) 김미자, 「일본에 다시 갈 수 있나」, 여성한국사회연구소(편), 앞의 책, 159쪽.

었다는 통보를 받게 되면서 문제가 계속 발생한다.

끝으로, 직장에서의 의식주 배급 문제이다. 〈우리집 문제〉 시리즈의 특이성은 이 영화들의 배경이 간부아파트이기 때문에, 북한 사회의 가장 심각한 문제인 식량 배급 부족과 식량난으로 인한 고통이 직접적으로 나타나지 않는다는 것이다. 간부들은 배급의 양과 순위에서 특혜를 받을 뿐만 아니라, 부식물을 취급하는 좋은 직업을 가질 수 있으며 많은 뇌물로 인해 항상 풍족한 생활을 하기 때문이다. 하지만 이 영화들에서도 집은 문제가 된다. 특히 인물들은 더 좋은 아파트에 가기 위해서 편법을 동원하는 등 집 문제는 비중 있게 다루어진다. 북한 사회에서 원래 집은 국가가 마련해주는 것으로서 사고팔고를 못 하게 되어 있다. 개인이 기업소(=직장)에 말하면 기업소에서 책임지고 해줘야 하는 것이지만, 오래 기다려야 하고 식량난 때문에 집을 파는 경우가 많이 생겨서 암거래를 통해서 집을 살 수 있다. 그리고 작은 기업소는 집을 배정받기 어렵기 때문에 간부를 조르든지 아니면 더 큰 직장으로 옮기든지 혹은 뇌물을 줘서 집을 빨리 배정받거나 집을 사기도 한다.

영화 속 인물들도 집을 배정받기 위해서 뇌물과 연줄을 이용하지만, 주변 사람들이 알게 되면서 문제가 발생한다. 〈우리 웃집 문제〉에서 윤길은 잘 알지도 못하는 먼 간부 친척의 아내를 찾아가 녹용과 인삼 등을 뇌물로 계속 갖다 바쳐서 창고지기에게 돌아갈 아파트를 가로채지만, 우편국장인 형이 알게 되어 문제가 발생한다, 〈우리 아래집 문제〉의 아랫집 아내도 남편의 부하에게 압력을 행사하여 이웃 사람의 수양아파트를 가로채지만, 상부에서 알게 되어 문제가 발생한다.

이렇듯 〈우리 웃집 문제〉, 〈우리 아래집 문제〉, 〈우리 사돈집 문제〉에서 인물들은 대학 진학, 직장 배정, 근무 지역, 의식주 배급 등과 관련하여 종이 바르기, 물질 고이기, 품앗이 등의 편법을 사용하는데, 그 사실을 우편국장과 주변 사람들이 알게 되면서 문제가 발생한다. 그래서 마침내 우편국장이 당사자와 주변 인물들을 모두 모아놓고 "문제를 빠개자!"라며 집단 토론을 벌인다. 하지만, 이렇게 제기되는 비판에서 오히려 세 가지 문제점이 발생한다.

[사진2-4] 〈우리 웃집 문제〉, 〈우리 아래집 문제〉에서 우편국장이 훈계하는 장면

첫째, 집단 토론의 비판은 정신과 육체의 상호작용으로 발생한 문제를 정신의 문제로만 제기하는 한계를 보여준다. 〈우리 사돈집 문제〉에서 우편국장은 '자식은 다 나라에서 키워주겠거니 생각하는데 학교나 사회의 힘만으로는 힘들기 때문에 부모나 가정 교양이 중요하며, 사돈 가르는 것도 딸이 구박받는 것도 참겠지만 아이를 내버려 둬서 범죄의

길로 가게 하는 것은 못 참는다'라며 사돈을 비판한다. 〈우리 아래집 문제〉에서 우편국장은 '누가 문제를 세웠든 일이 잘못된 것은 사실이고, 집안사람들 등에 놀면서 자기 집을 마련하고 대건설에 나갈 자녀들을 빼돌리는 등 아녀자들 품에 놀면 방정식을 똑바로 할 수 없게 된다'라며 아랫집 처장을 비판한다. 〈우리 웃집 문제〉에서 우편국장은 '허영에 들떠서 자식들을 결혼시키고 안락한 생활을 찾는 이런 사상 잔재가 바로 웃음거리가 된다'라며 윗집 아내를 비판한다. 문제가 발생할 때마다 우편국장이 당사자와 주변 인물들을 모아놓고 '우리집 문제'에 대해서 비판하는데, 대부분 부정인물의 정신상태에 대한 비판이다.

하지만, 우편국장의 이런 비판은 의식화교육을 통한 정신 개조만을 말하면서 육체의 문제를 배제시킨다. 이것은 정신만의 문제가 아니라 정신과 육체의 문제이다. 전통적인 학설에서는 정신의 수동과 신체의 능동이 상응하고, 정신의 능동과 신체의 수동이 상응한다는 점에서 정신과 신체가 반비례의 관계이다. 반면에, 스피노자는 '정신과 신체의 평행론'을 주장한다. 그에 의하면 "신체 속에서 능동인 모든 것은 영혼 속에서도 역시 능동이고, 영혼 속에서 수동인 모든 것은 신체 속에서도 또한 수동"[53]이다. 인간의 정신이 신체와 하나로 결합되며, "어떤 신체가 동시에 많은 작용을 하거나 많은 작용을 받는데 다른 신체보다 더 유능하면 유능할수록 그것의 정신도 역시 많은 것을 동시에 지각하는 데 다

---

53) 질 들뢰즈b, 앞의 책, 105-106쪽.

른 정신보다 더 유능"[54]하다. 이렇듯 스피노자는 신체를 새로운 모델로 제안한다. 니체도 사람들은 의식 앞에서 놀라지만 놀라운 것은 오히려 신체라고 말한다. 스피노자의 '정신과 신체의 평행선'은 정신과 신체 사이의 실질적인 인과성의 관계를 부정하는 것뿐만 아니라 "한 계열에 대한 다른 계열의 어떤 우월성도 존재하지 않는다"[55]는 것이다. 평행론의 실천적 의미는 의식에 의한 정념들의 지배라는 도덕이 기초하고 있는 전통적인 원리의 전복 속에 있다. 세 편의 영화에서 '우리집 문제'는 바로 우편국장이 역설하듯이 정신만의 문제가 아니라, 출신성분, 명령체계, 의식주 등과 같이 정신과 육체의 상호작용으로 인한 문제인 것이다.

둘째, 집단 토론의 비판은 문제의 근본적인 원인을 은폐시키고, 효과에 대해 무지하다는 것이다. 이 영화들에서 1차적이고 근본적인 '원인'은 바로 고정된 출신성분, 상하전달식 명령체계, 의식주 배급, 물자 부족 등이다. 이러한 원인으로 표출되는 2차적인 '사건'이 바로 대학 진학, 직장 배정, 근무 지역, 의식주 배급 등이다. 그리고 인물들이 이러한 사건에 직면하여 사용하는 3차적인 '방법'이 바로 종이 바르기, 물질 고이기, 품앗이 등이다. 즉 인물들의 3차적인 편법은 바로 1차적인 원인을 해결하기 위한 나름대로의 궁여지책 혹은 해결책이라고 할 수 있다. 그래서 "문제를 빠개자!"라며 비판할 때 발생하는 문제점은, 1차적 '원인'

---

54) 바뤼흐 스피노자, 앞의 책, 81-82쪽.
55) 질 들뢰즈b, 앞의 책, 34-35쪽.

이 아니라 3차적인 방법 혹은 '효과'만을 문제 삼는다는 것이다.

'의식'은 효과만을 아는 반면, '사유'는 원인과 효과를 모두 아는 것이다. 삶은 의식에 복종하지만, 사유는 삶에 복종한다. 그래서 니체는 의식이 "삶에 대립하고, 삶을 가늠하고 심판하며 자기 자신을 목적으로 삼길 열망"[56]하기 때문에 의식을 비난한다. 왜냐하면 원인과 본성에 대해서 무지하여 의식을 가질 수밖에 없어서 자신들이 알지 못하는 법칙들의 결과들을 겪어야 하는 이들은 "모든 것의 노예이며, 자신들의 불완전성의 정도에 따라 불안 속에 불행한 자들"[57]이기 때문이다. 사유의 힘은 '삶이 할 수 있는 것의 끝까지 갈 사유, 삶을 그것이 할 수 있는 것의 끝까지 데리고 갈 사유, 삶에 대립하는 인식 대신에 삶을 긍정할 사유'라는 점에 존재한다. 그래서 "삶은 사유의 적극적 힘일 것이지만, 사유는 삶의 긍정하는 능력"이며, "사유하는 것은 삶의 새로운 가능성들을 발견하는 것, 만들어내는 것"[58]이다. 즉 "삶은 인식이 그것에게 규정한 한계들을 넘어서지만, 사유는 삶이 그것에게 규정한 한계들을 넘어 선다"[59]는 점에서 사유와 삶의 관련성을 찾을 수 있다.

셋째, 집단 토론의 비판은 슬픈 정념들과 잘못된 인식을 갖게 하여 노

---

56) 질 들뢰즈a, 이경신(역), 『니체와 철학』, 민음사, 1998/2003, 182쪽.

57) 질 들뢰즈b, 앞의 책, 34-35쪽.

58) 질 들뢰즈a, 앞의 책, 184쪽.

59) 질 들뢰즈a, 위의 책, 185쪽.

예의 삶과 예속의 삶을 살게 만든다. 세 편의 영화에서 우편국장은 문제의 '원인'을 은폐시키고 '효과'만을 강조함으로써 그들을 문제에 대한 '사유'가 아닌 '의식'에 머물게 한다. 여기에서 가장 무지한 자이면서 가장 체제를 수호하고자 애쓰는 자는 바로 우편국장이다. 왜냐하면 우편국장은 원인이 아니라 효과만을 고발하기 때문에 원인에 대해 무지할 뿐만 아니라, 인물들에게 슬픈 정념들과 잘못된 인식을 갖게 하여 노예의 삶과 예속의 삶을 살게끔 추동하는 인물이기 때문이다. 하지만 세 편의 영화는 부정인물들의 고민과 갈등을 통해 정신과 신체의 상호작용, 원인과 효과에 대한 인식을 드러내 보여준다. 그래서 한편으로는 우편국장을 통해 뇌물 문제를 정신적인 문제로 규정하지만, 다른 한편으로는 부정인물들을 통해 뇌물 문제가 물자의 부족과 고정된 출신성분 등 사실상 정신과 신체의 상호작용의 결과라는 것을 드러내고 있다. 그리고 한편으로는 우편국장의 입을 빌어 문제의 효과 즉 '의식'만을 거론하지만, 다른 한편으로는 부정인물들의 욕구와 행위를 통해 문제의 원인 즉 '사유'를 보여줌으로써, 〈우리 사돈집 문제〉, 〈우리 아래집 문제〉, 〈우리 웃집 문제〉는 북한 사회의 의식과 사유의 갈등을 드러내고 있다.


## 3. 선악: 이상/현실, 당위성/능력, 도덕/윤리의 갈등

2절에서 말한 바와 같이 〈우리 웃집 문제〉, 〈우리 아래집 문제〉, 〈우리 사돈집 문제〉에서 발생하는 여러 사건의 근본적인 원인은 네 가지, 즉 고정된 출신성분, 상부하달식 체계, 의식주의 배급, 식량난 등이다. 첫째, 대학 진학과 직장 배치가 출신성분에 의해서 이미 확정된 상태에서 무리배치 되기 때문에 개인의 능력이 거의 고려되지 않는다. 둘째, 직장에서도 '상부하달식 체계'[60]로 인해 꼭대기에게 잘 보이고자 할 뿐 의욕을 느끼기가 힘들다. 이런 고정된 출신성분과 상부하달식 체계로 인해 생계를 해결하는 데 있어서 능력이나 노동이 아닌 다른 편법이 동원된다. 셋째, 북한 사회는 할 일이 다 주어지기 때문에 실업자가 없지만, 물자가 항상 부족하고 모든 의식주가 '당의 배급'[61]으로 이루어지기 때문에 생활에 곤란을 겪게 된다. 넷째, 1990년대 들어서 '식량난'[62]이

---

60) 북한에서는 '위에서 해라'하면 끝나기 때문에 직장생활을 출근해서 시키는 일만 해야지 독자적으로 뭘 한다든지 또 대우해 준다든지 하는 것은 진짜 기대할 수 없고, 목표성과를 달성하지 못하면 문책만 당하기 십상이다. 모든 것이 위에서 지시하는 대로 따라야 한다. 또한 간부가 실적을 가로채기도 하고 자기들끼리 승진하고 포상받기 때문에 노력해서 일할 생각을 안 하게 된다.— 안혜경, 「처녀사업가」, 여성한국사회연구소(편), 앞의 책, 47-48쪽.

61) 식량은 1950년대 중반부터 배급제를 실시하여 식료품은 개인별로 공급하고 공산품은 세대별로 공급한다. 북한에서는 남편이 직장에 다니면 7백 그램을 받고, 아내가 부양가족으로 올라가면 일을 안 하더라도 3백 그램을 받고 아기도 3백 그램을 받는다. 추석은 큰 명절이 아니며, 큰 명절은 1월 1일 설날, 2월 15일 김정일 생일, 4월 15일 김일성 생일, 9월 9일 창군 기념일, 10월 10일 당 창건일이며, 그 때는 고기가 배급되기 때문에 사람들이 좋아한다.

62) 예를 들면, 1980년대 중반까지 입쌀 20%에 강냉이 80%를 주던 것이 1990년대부터는 입쌀 없이 강냉이만 주며, 입쌀은 김일성이나 김정일 생일 같은 명절 때 한 끼분을 주기 때문에 세대주(=가장)만 입쌀밥을 먹어보지 다른 사람들은 입쌀밥을 평생 못

닥치자 배급이 중단되는 사태가 발생하면서 생계에 어려움을 겪게 되면서 여러 가지 편법이 동원된다.

북한 사회의 이런 근본적인 원인으로 인하여 직장에서의 뇌물·청탁, 장마당에서의 장사, 도둑질·방랑생활·집단자살·공개처형 등의 효과가 생겨난다. 첫째, 직장 내에서는 배급의 부족과 중단으로 뇌물, 청탁, 채기, 꼭대기에게 잘 보이기 등이 성행한다. 배급은 직장이 있어야만 탈 수 있는데 남들보다 배급을 잘 받기 위해서는 뇌물과 청탁이 필요하기 때문에 북한에서는 '인맥이 중요'[63]하다. 북한 사회는 국가에서 주는 배급만으로는 살기 힘들고 "돈 주고 사먹는 체제가 아니기 때문에 부스러기가 많은 직장일수록 인기"[64]이며, 능력이 있다는 것은 "활동적이며 사회생활을 잘 해서 생활에 필요한 물자를 용이하게 구입할 수 있는 것"

---

먹기도 하는 실정이다. 배급이 어려워지자 배급을 받기 위해서 전날 초저녁부터 문 앞에 앉아서 밤새 기다리기도 한다. 평양에서는 70% 배급을 주지만 다른 지역은 10-20% 배급만 준다. 원래 기준은 보름에 한 번씩 주게 되어 있는데 1995년부터 몇 달에 한 번씩 이틀치나 사흘치의 식량만을 주기도 한다.—최수련, 「낮과 밤」, 여성한국사회연구소(편), 앞의 책, 308쪽.

63) 북한에서는 인맥이 중요하며 인맥을 쌓는 길은 남이 부탁할 때 자기가 다니는 직장에서 해줄 수 있는 일은 해줘서 도움 받은 사람이 있으면 살기가 편해지는 것으로서 일종의 품앗이가 횡행한다. 이런 품앗이도 그냥 부탁해서는 안 되고 뇌물이 있어야 한다. 배급과 월급의 획일성으로 인해 수입이 비슷비슷하기 때문에 뇌물이 얼마만큼 들어오느냐에 따라 그 사람 능력이 결정된다. 그래서 사람을 많이 알아야 살기가 편하고 능력 있는 사람으로 쳐준다. 반면에 정직하고 고지식한 사람은 생활이 어렵다.—정옥희, 앞의 논문, 190쪽.

64) 강금식, 앞의 논문, 82쪽.

이다. 즉 북한의 능력 있는 사람은 부정부패를 많이 저지르는 사람이라고 볼 수 있다. 또 채는 것이 월급보다 많기 때문에 채기도 성행한다. 작업소 내에서 아랫사람의 생존을 보장하기 위해서 채기와 도둑질이 상사에 의해서 용인되기도 한다. 그리고 이런 상황이기 때문에 꼭대기(=간부나 상사)에게 잘 보이는 것이 필요하다. 월급이 똑같기 때문에 '열심히 일하는 사람은 바보라고 놀림을 당하며 윗사람에게 잘 보이고 일을 대충하고 노는 것'65)이 보편적이다.

둘째, 장마당에서 장사를 해서 돈을 벌어 생계를 유지한다. 장마당(=시장)은 전에는 자본주의라고 해서 못하게 했는데, 지금은 도시에 매일 크게 선다. 1980년대 후반부터 먹고 살기가 힘들어지니까 '모두 장마당에 나와서 그저 생계를 유지하느라고 별별 장사를 다 하게 되는데, 사치 때문이 아니라 먹을 쌀을 마련하기 위해서'66)이다. 직장에 다니면 배급 7백 그램과 월급 50원을 받지만, 집에 있으면 부양가족으로 3백 그램을 받고 장사를 해서 돈 1-2백 원을 벌기 때문에 너 유리하다. 장사는 돈이 많이 남지만, 불법으로 걸리면 직결소, 구류소, 교양소, 교화소(=교도소) 등의 심한 벌을 받을 수도 있기 때문에 '뇌물이 더 필요'67)하다.

---

65) 홍영란, 앞의 논문, 107쪽.

66) 최수련, 앞의 논문, 313쪽.

67) 예를 들면, 장사를 하면 조직에서 찾는데 그러면 그 사람들에게 물질을 고여야 하며 특히 개방도시인 나진과 선봉시에 들어갈 때는 반드시 뇌물을 바쳐야만 가능하다.― 안혜경, 앞의 논문, 48쪽.

셋째, 굶주림을 참지 못해서 가출한 청소년인 꽃제비들이 이런 장마당에서 음식을 훔쳐 먹고, 식량난으로 인해 방랑생활을 하는 걸인들이 생기거나 집단자살을 한다. 1990년대 중반에는 많은 사람이 굶어 죽을 뿐만 아니라, '공개처형'[68)도 당하게 된다.

이런 대중들과는 대조적으로 간부들은 특별대우를 받는다. 방 세 칸 고층아파트에 살게 되며 공업품과 식료품은 카드로 간부공급소에서 살 수 있고 병원도 간부진료과인 1과에서 따로 받으며 TV같은 물품도 간부 순위에 따라 우선적으로 공급된다. 게다가 간부들이 물건을 더 많이 빼돌리지만 처벌은 거의 받지 않는다. 〈우리집 문제〉 시리즈는 간부아파트가 배경인 만큼 특혜를 받는 계층을 다루고 있어서 의식주에 있어서 직접적인 영향과 고통은 별로 보이지 않는다. 하지만, 고정된 출신성분, 상하전달식 체계, 의식주의 배급, 식량난 등의 구조적 모순의 효과인 뇌물, 연줄, 청탁, 살짝 가져가기 등은 드러난다. 북한 사회의 근본적인 구조적 원인으로 인하여 인물들이 편법을 사용하여 문제가 발생하는 것은 당연한 결과일 수 있다.

---

68) 식량난이 심각해진 이후 사회기강이 전과 같지 않아서 일부러 본보기로 공개처형을 하기도 한다. 예를 들면, 어떤 주민은 강냉이 일곱 개를 훔쳤다는 이유로 공개처형을 당했는데, 강냉이를 훔친 죄보다 군인에게 대든 죄가 더 크게 작용했다. 또 강간이나 자기 집 소를 아무 증명 없이 잡아먹어도 고발과 인민재판을 통해서 총살을 당하기도 한다. 공개처형은 죄수들을 시내에서 공개적으로 쏘아 죽이는 것인데 끔찍해서 안 보고 싶어도 찍힐까봐 모두 봐야 하며 명령을 어기면 이렇게 된다는 것을 보여주기 위한 것이다.

그럼에도 불구하고 〈우리 웃집 문제〉, 〈우리 아래집 문제〉, 〈우리 사돈집 문제〉에서 한계는 이러한 문제가 발생할 경우 능력의 문제가 아니라 당위성과 선악의 논리로 비판한다는 점이다. 인물의 형상화와 이야기 전개방식에서도 대조적인 방법을 통해 당위성과 선악의 논리를 적용한다. 〈우리 웃집 문제〉에서 오지 근무를 자원하는 승준을 차버리고 외국 근무를 떠날 예정인 명수와 결혼한 웃집 딸 수옥은 부정적으로 묘사된다. 수옥은 두 남자에게 똑같은 대사를 한다. 영화 초반부에 수옥은 공원을 거닐면서 첫사랑인 승준에게 말한다. "어려운 길을 걷게 된다면 어디나 함께 해요. 어떻게 한평생 아스팔트길만 같이 걷겠습니까? 길 아닌 험한 길도 같이 걸을 수 있고. 한 사람을 열렬히 사랑하지 않으면 조국도 열렬히 사랑하지 못할 거예요. 제 마음이 돌아설 것 같아요?"라며 사랑을 맹세한다. 그리고 영화 중반부에 수옥은 공원을 거닐며 명수에게도 똑같이 말한다. "제 마음이 변할 것 같나요? 어떻게 아스팔트길만 있겠습니까?"라며 끝까지 옆에 있을 것을 나짐한다.

[사진2-5] 〈우리 웃집 문제〉 남편 명수가 수옥이 밥을 태워 화내는 장면(좌)과 해외 파견 때문에 결혼한 사실을 알고 화내는 장면(우)

이렇게 두 남자에게 똑같은 대사를 통해 자신의 신의를 맹세하고는 나중에 배신하며, 남편의 회사 사정으로 외국 근무를 떠나지 못한 채 사랑하는 첫사랑도 잃게 되며, 전업주부로 일하면서 집에서 하늘 위의 비행기만 바라보다가 밥을 태우는 등의 장면들을 통해 수옥은 이중적이고 이기적이고 게으른 여자로 묘사된다. 결과적으로 수옥은 가사일을 게을리한다는 이유로 시댁 식구들의 비난과 남편의 이혼 요구를 듣게 되는 등 처벌을 받게 된다. 반면에 오지 근무를 자청한 세 사람 즉 승준, 아랫집 큰딸 은주와 그녀의 애인은 순수하고 헌신적이고 영웅적인 인물들로 묘사된다. 그리고 한번 오지로 나가면 도시로 오기 힘든 현실 상황과는 반대로 세 사람은 훌륭한 근무태도와 업적으로 몇 달 후에 바로 평양으로 오게 되고 상을 받는다. 이러한 대조적인 인물 형상화, 비현실적인 이야기 전개, 권선징악적인 주제를 통해 젊은이들에게 오지 근무를 자청하는 헌신적인 태도를 강요하는 북한 체제의 이데올로기를 반영하고 있다.

[사진2-6] 〈우리 웃집 문제〉 수옥이 헤어진 애인 승준이 다시 평양으로 와서 상을 받고 영웅으로 대접받는 것을 보고 반성하는 장면

　이와 같은 대조적인 인물의 형상화와 이야기 전개방식은 〈우리 웃집 문제〉뿐만 아니라 '다른 두 영화에도 해당되는 공통점'[69]이다. 변칙과 사익을 추구하는 현실적이고 이기적인 인물은 부정적으로 형상화되는 반면에, 원칙과 공익을 추구하는 이상적이고 헌신적인 인물은 긍정적으로 형상화되고 있다. 그래서 북한 영화에서는 정상적인 인물은 부정적인 인물로 재현되고, 영웅은 긍정적인 인물로 재현되는 모순을 보여준다. 즉 '주인공은 영웅이고 평범한 인물은 타자이자 부정인물이 되고 외부는 확실한 타자가 되어서, 입체적인 인물은 찾기 힘들며 캐릭터의 전형성을 통한 영웅의 신화화'[70]를 보여준다. 세 편의 영화에서도 마찬가지로 이상적인 인물을 긍정적인 인물로 그려 '선'으로 묘사하고, 현실적인 인물을 부정적인 인물로 그려 '악'으로 묘사한다.

　스피노자는 보통 "건강과 신의 경배에 도움이 되는 모든 것을 사람들은 선이라 하고 그 반대를 악"[71]이라고 하는 편견에 사로잡혀 있다고 지적한다. 니체도 '신과 악이 착함과 나쁨의 성향의 교환, 뒤섞기, 전복'

---

69) 〈우리 사돈집 문제〉에서는 시동생이자 담당 학생인 문호를 훌륭하게 이끌고자 헌신하는 지도원과 성적이 되지 않는 문호를 뇌물과 연줄로 대학교에 진학시키려는 문호의 아버지를 대조적으로 그리고 있다. 〈우리 아래집 문제〉에서는 방직공장에 배정된 둘째딸을 우편국으로 보내기 위해서 연줄을 동원하고 남의 아파트를 가로채는 아내와 상업대학을 졸업하고 지도원으로 일하다가 오지 근무를 자청하는 큰딸 은주를 대비시키고 있다.

70) 서정남, 앞의 책, 2002.

71) 바뤼흐 스피노자, 앞의 책, 61쪽.

이라는 사실을 지적하며, '힘들 사이의 구체적인 구분, 성질이 부여된 힘들 사이의 기원적 차이(=착함과 나쁨)를 실체화된 힘들 사이의 도덕적 대립(=선과 악)으로 대체'[72]하는 오류에 대해서 비판한다. 스피노자에 의하면, 도덕은 '신의 심판의 체계이고 언제나 존재를 초월적 가치들(=선과 악)과 관계시키며 당위성으로서 복종은 필수불가결한 것'인 반면에, 윤리는 '내재적 존재 양태들의 위상학이며 심판의 체계를 전도시키며 존재 양태들의 질적 차이(=좋음과 나쁨)가 들어서는 것'[73]이다. 그래서 그는 도덕의 자리에 윤리가 대체되어야 한다고 주장한다. 스피노자는 선은 "우리들에게 유익하다고 우리가 확실히 아는 것"인 반면, 악은 "우리들이 선한 어떤 것을 소유하는 데 방해되는 사실을 우리가 확실히 아는 것"[74]이라고 정의한다. 우리의 본성과 일치하는 것은 선이고, 대립하는 것은 악일 따름이다. 즉 '선과 악'은 없으며, '좋음과 나쁨'이 있을 뿐이다. 들뢰즈도 마찬가지로 '좋은 마주침은 선이며 나쁜 마주침은 신체의 특징적인 관계를 파괴, 위협, 손상하는 악이기 때문에, 선과 악은 없고 좋은 마주침과 나쁜 마주침만이 있을 뿐'[75]이라고 주장한다.

그런데 세 편의 영화에서 우편국장은 인물들의 문제를 선악의 논리로

---

72) 질 들뢰즈a, 앞의 책, 218-222쪽.

73) 질 들뢰즈b, 앞의 책, 40쪽.

74) 바뤼흐 스피노자, 앞의 책, 211쪽.

75) 질 들뢰즈 & 안또니오 네그리(외), 『비물질노동과 다중』, 서창현(외)(공역), 갈무리, 2005, 19쪽.

끌어나간다. 그래서 영화 속에서 우편국장을 통해 제시되는 해결 방법은 이상적이고 당위적이지만 비현실적이고 불가능하다. 우편국장은 이런 선악의 개념을 통해서 북한 체제와 당을 대변하는 인물이다. 우편국장은 북한 체제에 도움이 되는 것을 선이라고 규정하고 그 반대를 악이라고 규정하는 오류를 범하고 있다. 즉, 이상을 선으로 규정하고 현실을 악으로 규정하여, 할 수 있는 것과 할 수 없는 것이라는 '능력'의 문제를 '선악'의 논리로 치환시키는 오류를 범한다. 그래서 북한 체제에서 선이 되는 것은 인물들에게 적합하지 않은 것이며 악이 되는 것은 오히려 적합한 것이 되는 모순이 생겨난다. 이처럼 우편국장의 모순은 능력이라는 '윤리'의 문제를 당위성이라는 '도덕'의 논리로 풀어간다는 것이다.

이렇듯 〈우리 웃집 문제〉, 〈우리 아래집 문제〉, 〈우리 사돈집 문제〉는 출신성분이 고정된 신분사회이고 배급으로 모든 물자가 공급되며 의식주에 있어서 물자가 부족한 사회에서 자신에게 필요한 기본적인 생존욕구를 해결하기 위해서 부정인물들이 뇌물, 연줄 등 필요한 모든 방법을 강구할 수밖에 없는 현실을 통해 능력의 문제를 보여주는 한편, 우편국장은 긍정인물과 부정인물을 각각 선악으로 규정함으로써 당위성의 논리를 보여준다. 그래서 한편으로는 우편국장을 통해서 선악과 당위성의 논리 즉 도덕의 논리를 강하게 역설하고, 다른 한편으로는 부정인물을 통해서 능력의 문제 즉 윤리의 논리를 보여줌으로써, 〈우리집 문제〉 시리즈는 북한 사회의 도덕과 윤리의 갈등을 드러낸다.

# 4. 고발: 자아/호상비판, 가책/원한, 슬픔/기쁨의 갈등

북한에서는 사상교육이 어릴 때부터 이루어진다. 북한은 "'정치적 생명'을 먹고 사는 사회"[76]이기 때문에, '탁아소-유치원-인민학교-고등중학교'[77]에서 각각 '사상교육'[78]을 하는데, 이러한 사상교육은 인민학교에 들어간 이후로 북한 사회의 어느 곳에서나 실시하는 생활총화를 통해 더욱 강화된다. 북한은 공식적으로는 불법인 장마당(=시장), 독립체산제(=책임량을 주어진 시간 안에 하는 것), 대거리장사(=1:1 장사이며 물건을 사고팔면서 이윤을 남기는 것) 등이 비공식적으로는 용인된다. 북한은 겉으로는 사회주의이지만 안으로는 자본주의 사고가 많이 형성되어 있어서, "사상교육이나 생활총화를 통해서 사회주의 완성을 위한 인간 개조"[79]를 하기 위해서 애를 쓴다. 이러한 생활총화는 사회주의 완성을 위해 항상 생산적이고 건전하게 살아야 한다는 것을 강조한다.

직장에서의 생활총화는 일주일에 한 번씩 하며, 생활총화의 종류는

---

76) 강금식, 앞의 논문, 76쪽.

77) 북한의 학교제도는 탁아소, 유치원 2년(=낮은반 1년, 높은반 1년), 인민학교(=초등학교) 4년, 고등중학교 6년이며 의무교육이기 때문에 학비를 내지 않는다.

78) 예를 들면, 유치원부터 '김일성 참배소'가 있는데 아이들은 경건하고 엄숙한 마음으로 그곳으로 가서 참배하도록 교육 받아 이를 당연하게 여기도록 만들어진다.―정옥희, 앞의 논문, 173쪽.

79) 강금식, 앞의 논문, 94쪽.

자아비판과 호상비판(=타인 비판)이 있다. 생활총화의 순서로는, 우선 '생활총화를 하는 사람이 일주일동안 자기 생활부터 비판하는데, 먼저 김일성 교시를 말하고 그것에 비추어 무슨 잘못을 했는데 원인은 무엇이고 시정하기 위해선 어떻게 해야 하는지를 말한 후에, 다음으로 다른 사람을 비판해야 생활총화가 끝이 나는 것'80)이다. 북한주민들은 이러한 생활총화에 대비하기 위한 몇 가지 방법을 사용한다. 우선, 생활총화의 각본을 미리 짜는 등 동료와 입을 맞춘다. 자아비판보다는 타인을 고발해야 하는 호상비판이 더 괴롭기 때문에, "오늘은 내가 너를 비판하고 다음 날은 네가 나를 비판하라"81)는 식으로 서로 간에 호상비판도 품앗이를 한다. 다음으로, 일단 비판하면 무조건 부인한다. 왜냐하면 북한에서는 잘못 하면 무조건 사상이라고 뒤집어씌워 처벌하기 때문이다. 이웃과 가족 간에도 고발하며, 고발하는 사람은 처벌을 면하지만 고발당하는 사람은 심한 벌이나 공개처형을 당하기도 하기 때문이다.

〈우리 웃집 문제〉, 〈우리 아래십 문제〉, 〈우리 사돈집 문세〉의 내러티브 면에서 공통점은 항상 전반부에서 우편국장의 관점에서 부정인물들의 문제를 알게 되고, 후반부에서 우편국장의 주도하에 문제의 당사자들을 모두 한자리에 모아놓고 "문제를 빠개자!"라며 토론과 비판을 하는 것이다. 이때의 토론과 비판은 직장에서의 생활총화의 모습을 그대로

---

80) 홍영란, 앞의 논문, 108쪽.

81) 홍영란, 앞의 논문, 109쪽.

가정에 옮겨놓은 것에 다름 아니다. 세 편의 영화에서 "가정은 사회의 세포"이기 때문에, 직장뿐만 아니라 가정 문제까지도 생활총화의 대상이 되는 것이다. 이런 점에서 이 영화의 제작 의도는 사상교육이나 생활총화를 통해서 사회주의 완성을 위한 인간 개조를 하기 위한 것이다. 이 영화들은 다른 사람을 비판하는 생활총화의 호상비판 즉 고발문화에 대한 정당화이며, "문제를 빠개자!" 장면은 우편국장의 고발문화와 부정인물의 부인문화의 충돌이다. "문제를 빠개자!"로 표현되는 생활총화는 사실상 '사상단련의 용광로'가 아니라 '고발문화와 불신문화'를 조장함으로써, 부정인물들의 '기쁨'보다는 '슬픔'을 끌어내어 그들을 가책의 인간으로 만든다.

슬픔과 기쁨은 두 개의 근본적인 정동들이다. '기쁨의 정동은 행동 능력이 증대되는 것이며 이롭고 유익하고, 슬픔의 정동은 행동 능력이 감소되는 것이며 해롭고 손상되는 것'[82]이다. 이런 점에서 스피노자는 죽음의 철학이 아닌 삶의 철학을 주장하며, "기쁨에서 생기는 욕망은 슬픔에서 생기는 욕망보다 강하다"[83]는 점에서 기쁨을 옹호한다. 그에 의하면 '우리의 신체가 한 신체를 만나서 그것과 결합될 때 우리는 기쁨을 느끼고, 반대로 한 신체 혹은 한 관념이 우리의 고유한 결합성을 위협할 때 우리는 슬픔을 느낀다.'[84] 그래서 할 수 있는 한에서 만남들을 조직

---

82) 질 들뢰즈 & 안또니오 네그리(외), 앞의 책, 45쪽.

83) 바뤼흐 스피노자, 앞의 책, 224쪽.

하고 자신의 본성과 맞는 것과 통일을 이루며, 결합 가능한 관계들을 자신의 관계와 결합하고 이를 통해 자신의 능력을 증가시키려고 노력하는 것은 훌륭하다. 반면에 우연한 만남들에 따라 살아가고 그 결과들을 수동적으로 겪지만, 정작 자신이 겪는 그 결과가 자신에게 불리하게 나타나고 자신의 무능력을 드러낼 때마다 한탄하고 비난하는 사람은 열등하다.

이런 점에서 볼 때 세 가지 유형의 인간들, 즉 '슬픈 정념에 사로잡혀 있는 인간들(=노예), 권력을 공고히 하기 위하여 슬픈 정념들을 필요로 하는 인간들(=폭군), 인간의 조건과 인간의 정념 일반에 대해 슬퍼하는 인간들(=사제)'85)이 있다. 노예, 폭군, 사제는 도덕주의적 삼위일체를 이룬다. 슬픈 영혼들이 상납하고 선전하기 위해 폭군을 필요로 하는 것처럼, 폭군은 성공하기 위해서 영혼들의 슬픔을 필요로 한다. 어쨌든 이들을 통일시키는 것은 삶에 대한 증오이며, 삶에 대한 원한이다. 원한과 가책은 슬픈 성념들을 생산함으로써 자신의 행위능력을 투여하여 감소시킨다.

원한은 노예의 유형이며, 놀랄 만한 기억과 원한의 힘에 의해서 정의된다. 원한은 복수심이다. 감탄할 수도, 존경할 수도, 사랑할 수도 없는 무능력은 증오심으로 가득 차 있다. 원한의 인간은 '흔적에만 집중하며,

---

84) 질 들뢰즈b, 앞의 책, 34-35쪽.

85) 질 들뢰즈b, 앞의 책, 32-43쪽.

불행 자체를 보잘것없는 것으로 만들어야만 하고, 잘못을 신랄하게 비판하고 배분해야만 하며, 원인들을 비하하고 불행을 누군가의 잘못으로 삼는 경향성'86)을 갖고 있다. 노예의 정식이자 원한의 본질은 "너는 악의가 있다. 그러므로 나는 선량하다"인 반면, 주인의 정식은 "나는 선량하다. 그러므로 너는 악의가 있다"이다.87) 그리고 '정서나 속견에만 인도되는 인간은 노예이고, 이성에 인도되는 인간은 자유인'88)이다.

가책은 이러한 원한을 계승한다. 그래서 '가책의 인간과 원한의 인간은 한 쌍이고, 같은 근원에서 출발'89)한다. 가책은 자신에게서 등을 돌린 채 고통을 생산한다. 더 이상 자신을 향유하지 않고 고통을 생산하는 것이다. 이것은 끔찍스러운 기쁨으로 충만하고 고통스럽게 만드는 쾌락에 의해서 자기 자신을 고통스럽게 만드는 자발적으로 분리된 영혼의 노동이다. 가책은 "고통을 배가시키는 의식이며, 그 고통을 생산하게 할 수단을 찾으며, 적극적 힘을 자신으로부터 등을 돌리게 하는 것으로서 구역질 나는 공장"90)이다. 이런 점에서 가책의 첫 번째 측면의 정의는 "힘의 내재화에 의한 고통의 배가"이며, 두 번째 측면의 정의는 "원한의 방향 전환에 의한 고통의 내재화"91)이다.

---

86) 질 들뢰즈a, 앞의 책, 207-212쪽.

87) 질 들뢰즈a, 위의 책, 214쪽.

88) 브뤼흐 스피노자, 앞의 책, 266쪽.

89) 질 들뢰즈a, 앞의 책, 209-211쪽.

90) 질 들뢰즈a, 위의 책, 229-230쪽.

이렇듯 원한의 인간과 가책의 인간이 무능력, 악의, 증오심에서 출발하며, 도덕은 이런 원한과 가책을 정당화하는 당위성의 논리이다. 도덕은 이런 '당위성'의 법칙이기 때문에 부정적이지만, 윤리는 할 수 있는가와 할 수 없는가라는 '능력'의 문제이기 때문에 긍정적이다. 왜냐하면 스피노자에 의하면, '도덕(=선악)은 원한과 가책이라는 외부적인 요인에 기인하지만, 윤리(=좋음과 나쁨)는 자신의 행위능력이라는 두 개의 신체 혼합, 내부와 외부의 상호작용에 기인'[92]하기 때문이다. 좋음과 나쁨의 의미는 "첫째, 나의 본성에 맞는가 혹은 맞지 않는가이며, 둘째, 인간 존재의 두 유형 즉 훌륭함과 열등함을 능동적, 수동적인 측면으로 생각하는 것"[93]이다. 즉 훌륭함은 능동적이고 능력이 증가하며 자유롭고 합리적이지만, 열등함은 수동적이고 무능력하며 예속적이고 약하다.

〈우리 웃집 문제〉, 〈우리 아래집 문제〉, 〈우리 사돈집 문제〉에서 우편국장은 항상 희생물을 찾아 나서며, 체제 내의 모순과 문제를 가정 내의 한 개인에게 돌려서 희생양으로 만든다. 우편국장은 부정인물들에게 왜 그렇게 부정부패와 뇌물문화를 근절하지 못하냐고 비판하고 고발한다는 점에서 '원한의 인간'이고, 부정인물들은 항상 생활총화를 통해 자신을 반성해야 한다는 점에서 '가책의 인간'이 되기를 강요받는다. 니체에

---

91) 질 들뢰즈a, 위의 책, 235쪽.

92) 질 들뢰즈b, 앞의 책, 32-43쪽.

93) 질 들뢰즈b, 위의 책, 39쪽.

의하면, '원한의 인간은 흔적 이외의 다른 것에 집중할 수 없는 자신의 무능력, 질적이고 유형적인 무능력에 대한 책임을 다른 것에 전가'[94]시킨다. 원한의 인간은 모든 존재, 모든 대상을 모욕으로 느끼며, 흔적들을 제거할 수 없는 자신의 무능력을 보상하기 위해서 대상을 비난한다. 생활총화에서 자아비판은 가책의 인간을 양성하고 호상비판은 원한의 인간을 양성함으로써 인물들의 슬픔을 증대시킨다.

우편국장/긍정인물/부정인물의 형상화를 통해 폭군/사제/노예가 수령/당/대중이라는 삼위일체로 나타나고 있다. 영화 속에서 우편국장은 전반부에는 항상 제3자로서 지켜보다가 후반부에 가서 부정인물의 문제를 보고 더 이상 참지 못하고 개입하는 인물로서, 부정인물의 문제를 비판할 때 긍정인물을 해결책으로 제시한다. 그래서 우편국장은 체제의 논리를 직접적으로 제시하는 인물이라면, 긍정인물이 체제의 논리를 간접적으로 보여주는 인물이다. 우선, 부정인물은 노예의 법칙을 따르고는 있지만, 자유인이 되고자 하는 자신의 욕구와 가책의 인간으로 만들고자 하는 주변의 요구 사이에서 갈등한다. 다음으로, 긍정인물은 자신이 자유인이라고 착각하지만, 원한의 인간으로서 노예의 법칙을 따른다. 그리고, 우편국장은 부정인물들을 비판하면서 인물들의 슬픈 정념들을 슬퍼하는 인물로서 사제의 법칙을 따른다. 마지막으로, 북한 체제는 이러한 민중들의 슬픔을 필요로 하는 폭군의 법칙을 따르고 있다.

---

94) 질 들뢰즈a, 앞의 책, 209-211쪽.

하지만 이런 상황에서도 부정인물들은 슬픔에서 기쁨으로 변이하고자 하며, 도덕의 잣대가 아니라 윤리의 잣대로 자신이 행동하기를 욕구한다. 그래서 그들은 공적/사적 영역의 모순적이고 양립적인 요구 속에서 자신이 '할 수 없다'라는 것을 깨닫고 자신의 욕구를 인지함으로써, 슬픔을 기쁨으로 바꾸고 나쁜 마주침을 좋은 마주침으로 바꾸고 나쁨을 좋음으로 바꾸고자 노력한다. 한편으로는 인물들이 호상비판과 자아비판을 통해 자신들을 원한의 인간과 가책의 인간을 만들어 슬픔의 정동을 생산하는 것을 보여주며, 다른 한편으로는 인물들이 고발문화를 좋음과 나쁨의 윤리의 문제로 인식하고 기쁨에 대한 욕구를 보여준다. 이런 점에서 볼 때 〈우리 웃집 문제〉, 〈우리 아래집 문제〉, 〈우리 사돈집 문제〉는 북한 사회의 슬픔과 기쁨의 갈등을 드러낸다.

## 5. '우리집 문제'를 바라보는 관객의 즐거움

북한 영화 〈우리 웃집 문제〉, 〈우리 아래집 문제〉, 〈우리 사돈집 문제〉의 세 가지 문제, 즉 뇌물 문제, 선악 문제, 고발 문제는 세 가지 갈등을 드러낸다. 첫 번째, 의식과 사유의 갈등이다. 원인/효과, 정신/육체와 연관되는 '뇌물 문제'는 문제의 효과만을 인식하는 '의식'과 문제의 원인을 인식하는 '사유'의 갈등을 보여준다. 두 번째, 도덕과 윤리의 갈등이다. 이상/현실, 당위성/능력과 관계되는 '선악 문제'는 고정된 토대와 식량난에 직면하여 이상/현실을 선악으로 규정하여 당위성의 논리를 펼치는 '도덕'과 그것이 능력의 문제라는 것을 깨닫는 '윤리'의 갈등을 보여준다. 세 번째, 슬픔과 기쁨의 갈등이다. 생활총화라는 '고발 문제'는 자아비판을 통한 가책의 인간 만들기와 호상비판을 통한 원한의 인간 만들기로써 체제를 유지시키는 노예/사제/폭군의 '슬픔'과 능동적인 변이를 생성하고자 하는 자유인의 '기쁨'의 갈등을 보여준다.

〈우리 웃집 문제〉, 〈우리 아래집 문제〉, 〈우리 사돈집 문제〉의 관객들은 이러한 세 가지 갈등을 바라보면서 세 가지 즐거움, 즉 현실의 문제 드러내기, 상층계급·기성세대·남성에 대한 비판, 당위성/현실성에 대한 양가적 욕구 충족을 느끼게 된다.

첫째, 이 영화들이 현실 문제의 근본 원인을 은폐하기도 하지만, 그 갈등과 균열을 드러내며 현실적 문제를 끄집어내어 드러냄으로써 관객에게 즐거움을 준다. 이 영화들은 현실을 조작하며 원칙을 강요하기도 하지만, 현실을 반영하며 문제를 드러내기도 한다. 세 편의 북한 영화는 한편으로는 현실의 문제를 잘못 인식하는 모순을 보여주지만, 다른 한편으로는 이 문제와 모순을 해결하고자 하는 인물의 욕구를 드러낸다. 우편국장은 효과를 잘 지적하지만, 그 원인을 은폐하고 잘못된 결론으로 이끌어가는 오류를 범한다. 하지만 "문제를 빠개자!"라는 말의 통쾌함과 동시에 구체적인 문제를 들춰내는 것에서 관객은 즐거움을 느낀다. 왜냐하면 '우리집 문제'는 근본적인 원인인 의식주 문제와 출신성분 문제 그리고 고정된 사회구조가 뇌물 문제, 선악 문제, 고발 문제로 표출된 것이기 때문이다. 그리고 문제를 들춰내기 위해서 현실의 세밀한 문제점들을 구체적으로 끄집어내어 보여주는 것에서 관객들은 즐거움을 느낀다.

둘째, 관객들은 뇌물 문제와 고발 문제의 당사자들인 상층계급·기성세대·남성이 비판을 당하고 반성하는 모습에 통쾌함을 느낀다. 영화의 공간이 상대적으로 혜택 받은 간부아파트이고, 인물들도 대부분 간부들이다. 그래서 그들은 상대적으로 보통 대중들보다 훨씬 편안한 환경에 있다는 점에서, 그들의 문제는 대중들의 문제를 정확하게 반영하고 있지는 못하며, 북한 사회의 사회적 문제를 개인적 문제로 치환시키는 한계를 갖고 있다. 하지만 후반부의 "문제를 빠개자!" 장면은 상층계급 인물에 대한 비난과 질책이 강하게 들어 있다. 그래서 관객들은 고정된 출신성분과 상향전달식 체계 속에서 지배계층의 문제점을 지적하고 비판하는 것에서 즐거움을 느낀다.

셋째, 관객들은 이 영화들을 보면서 한편으로는 낭의 체제에 부합해야 하는 당위성의 논리와 다른 한편으로는 자신의 욕구를 들여다보는 현실성의 논리를 모두 충족시키는 것에서 즐거움을 얻는다. 왜냐하면 문제가 있는 인물들은 자신의 욕구를 충족시키기 위해서 상황을 최대한 이용하고 활용한다는 점에서 현실적인 인물이지만, 이상적인 인물은 자신의 욕구를 억제하고 현실을 부정하는 인물이며, 관객은 오히려 전자의 인물에 가깝기 때문이다. 그래서 관객은 이 영화들을 통해 체제에 대한 위협과 개인적인 손해를 당하지 않고 두 가지 길을 한꺼번에 걷게 된다. 이런 점에서 세 편의 영화가 계속해서 "문제를 빠개자!"라고 하지만, 실제로는 해결이 아니라 새로운 문제를 계속 양산해냄에도 불구하고, 관객들은 오히려 그 문제를 드러내는 것에 더 큰 만족을 얻을 수 있는지도 모른다. 관객은 당의 요구에 순응하는 척하면서 자신의 욕구를 충족시킨다는 점에서 '우리집 문제'를 바라보는 쾌락이 배가된다.

〈우리 웃집 문제〉, 〈우리 아래집 문제〉, 〈우리 사돈집 문제〉에서 우편국장의 고발은 스피노자의 삼중의 고발과는 반대의 양상을 보인다. 스피노자는 의식·도덕·슬픔을 평가절하하고 사유·윤리·기쁨을 옹호함으로써 삶의 철학을 주창하지만, 우편국장은 사유·윤리·기쁨을 은폐하고 의식·도덕·슬픔의 논리를 역설함으로써 삶을 부정하며 북한 체제의 논리를 대변한다. 우편국장은 영화의 후반부에서 "문제를 빠개자!"라며 항상 부정인물을 고발한다. 하지만, 영화 속에서 부정인물과 긍정인물의 전도가 이루어진다. 우편국장이 지지하는 긍정인물은 정신을 대변하며 의식·도덕·슬픔의 논리를 따르지만, 우편국장이 비판하는 부정인물은 정신과 육체의 상호작용을 보여주며 사유·윤리·기쁨의 논리를 드러낸다. 이런 점에서 부정인물이 오히려 현실의 요구와 자신의 욕구를 표출하는 인물이고, 긍정인물은 이러한 요구와 욕구를 억압하는 인물이고, 우편국장은 이런 억압을 조장함으로써 북한 사회의 모순을 은폐시키는 인물이다. 그래서 부정인물/긍정인물/우편국장이라는 세 가지 인물 유형이 세 가지 실천적 논제에 있어서 세 가지 다른 경향을 보여준다. 그래서 이 영화들은 '북한 사회의 보수주의적 정치 태도와 진보주의적 지향 사이의 이율배반성'[95]을 드러낸다. 왜냐하면 예술작품은 '관객의 변화를 추수하기 때문에 정치적으로는 감히 언명할 수 없는 변화적 양태를 작품 속에서 은연중에 정서적 형태로 재현'[96]할 수 있기 때문이다. 이런 점에서 볼 때, 〈우리집 문제〉 시리즈는 '우리집 문제'와 '관객의 즐거움'을 계속 생산해낸다.

---

95) 이효인, 「북한의 수령 형상 창조 영화 연구—연작 〈조선의 별〉과 연작 〈민족의 태양〉의 신화 형식을 중심으로—」, 중앙대학교 첨단 영상대학원 영화이론 전공 박사학위논문, 2001.

96) 정재형, 「제2세대 북한 영화연구의 서장을 열며」, 정재형(편), 『북한 영화에 대해 알고 싶은 다섯 가지—제2세대 북한 영화연구—』, 집문당, 2004.

# 제3장 **북한 영화의 시선**

: 〈우리 처가집 문제〉, 〈우리 누이집 문제〉, 〈우리는 모두 한 가정〉, 〈우리 삼촌집 문제〉에서 드러나는 인물들의 시선, 감시, 권력

시선은 감시와 권력을 표현한다. 영화 속 시선은 세 가지 종류, 즉 카메라의 시선, 캐릭터의 시선, 관객의 시선이 있다. 제3장은 세 가지 시선 중에서 북한 영화 속 캐릭터의 시선을 고찰한다. 이 장은 〈우리 처가집 문제〉, 〈우리 누이집 문제〉, 〈우리는 모두 한 가정〉, 〈우리 삼촌집 문제〉에서 드러나는 세 가지 시선, 즉 주변 인물들, 여주인공, 우체국장의 시선을 중심으로 시선의 다층성을 고찰한다.

첫 번째, 주변 인물들은 등장인물을 바라보는 시선 중 하나로, 그들의 시선은 복종과 억압을 요구하는 남근적 시선을 의미한다. 남근적 시선은 여주인공에게 통제와 질서에 따라 순종적인 몸이 되도록 강요하며, 시선의 주체인 여주인공이 바라볼 수 없기 때문에 그들의 시선은 일방적이다. 주변 인물들의 남근적 시선과 함께하는 억압은 통치자/주체와 남성/여성으로 나뉘며, 이는 다시 시각화의 감옥과 감시의 메커니즘을 드러낸다는 점에서 김일성의 단단한 근대화를 상징한다. 따라서 주변 인물들의 시선은 정점에 있는 한 눈, 코기토, 과거의 시선이다.

두 번째, 여주인공의 시선은 이웃의 오해 덕분에 분열적이고 고통스럽다. 여주인공은 주체가 아니라 대상이며 자신의 욕망을 명확하게 드러내지 않기 때문에 그녀의 시선은 배려, 사랑, 욕망을 의미한다. 이웃 시선의 전지전능함과 권위는 진실에 대한 불완전함과 오해로 인해 의심받게 만든다. 여주인공은 오해의 시선 때문에 내면의 고통을 느끼며, 자유를 억압하는 시각의 감옥

에 갇혀 일방적으로 복종할 수밖에 없는 상황에서 여러 가지 방법—보기, 숨기기, 위장하기—으로 감시의 시선에 저항한다. 그녀의 시선은 활동적인 여성에 대한 이웃의 처벌로 인한 분열적 시선을 통해 저항과 고통을 보여주기 때문에 김일성의 단단한 근대화에 저항하는 북한 여성들을 상징한다. 그녀의 시선은 수동적인 시선이 되지만 진실과 균열을 드러내는 현재의 시선이 된다. 그녀의 시선은 김일성의 단단한 근대화에 저항하는 북한 여성들의 상징으로, 활동적인 여성에 대한 동네의 처벌에 대한 분열적 시선에 저항과 고통을 보여준다. 따라서 여주인공의 시선은 수동적인 시선이 되지만 진실과 균열을 드러내며, 그것을 현재의 시선으로 만든다.

세 번째, 우체국장의 시선은 천 개의 눈을 가지고 있으며, 그것은 생산성과 유용성에 대한 규율적인 시선이다. 그의 시선은 진실의 완성도로 이웃과 여주인공의 갈등을 봉합함으로써 얼굴이 없고 헤게모니를 쥐고 있는 감시 기제로 작용하며, 여주인공을 혼자서 관찰하는 판옵티콘이다. 피라미드적이고 규율적인 그의 시선은 그녀의 삶을 통제하고 관찰함으로써 생산성과 효용을 높이고 여성을 생산적인 주체로 만든다. 그의 미시적 시선은 공적인 영역뿐만 아니라 사적인 영역도 통제한다. 우편국장의 시선은 생산성과 효용을 강조하고 시각에 의한 감시와 통제의 내면화를 보여주기 때문에 김정일의 유연한 근대화를 상징한다. 즉, 그의 시선은 육체가 없는 코기토의 눈이 되고, 인식 후 추구해야 할 미래의 시선이 된다.

〈우리 처가집 문제〉, 〈우리 누이집 문제〉, 〈우리는 모두 한 가정〉, 〈우리 삼촌집 문제〉에서 이웃의 시선은 남근 시선을 이용한 김일성의 단단한 근대화에 대한 저항을 나타내며, 여주인공의 시선은 김일성의 단단한 근대화에 대한 저항을 분열적 시선으로 나타내고, 우체국장의 시선은 규율적 시선으로서의 유연한 근대화를 의미한다. 〈우리집 문제〉 시리즈에서 시선의 다층성은 시각의 감옥에서 신체의 통제로 변화함으로써 북한의 근대화와 권력, 욕망과 균열의 변화를 보여준다.

| **핵심어** | 북한영화, 〈우리 처가집 문제〉, 〈우리 누이집 문제〉, 〈우리는 모두 한 가정〉, 〈우리 삼촌집 문제〉, 시선, 감시, 권력, 등장인물

## 1. 북한 체제의 감시와 북한 영화의 시선

북한 사회는 감시와 통제의 양상을 띠고 있다. 북한은 거주지 통제, 통신의 발달 미비, 이동 제한, 노동과 학습의 단체 활동 등으로 인하여 큰일을 할 때 서로 도움을 주고받는 이웃과 직장 동료와의 관계가 중요하다. 남녀가 연애할 때도 소문이 나면 비판 무대에 서거나 출학을 당하기 때문에 눈치를 보고 비밀로 하며, 부부나 이웃 관계에서도 서로 감시하기 때문에 정치범이 되어 감옥에 가지 않기 위해서는 말조심을 해야 한다.97) 그리고 직장 상사가 가정 문제에 직접 개입한다. 남한에서는 개인적인 일로 치부하는 고부갈등 등 가정 문제도 북한에서는 집단의 문제로 여긴다. 그래서 어떤 가정에 고부간의 문제가 발생할 경우 여맹이나 직장조직이 나서서 공동으로 풀려고 애쓴다. 이렇듯 북한에서의 이웃, 직장에서의 공동체 강화는 서로간의 사생활이 보장되지 않고 감시가 강화될 수 있는 여건이 된다. 제3장은 북한 사회의 이리한 감시와 통제의 양상이 북한 영화에서 어떻게 재현되고 있는지에 대해 살펴보고자 한다.

그래서 필자는 미셸 푸코의 『감시와 처벌: 감옥의 역사』에서의 시선, 감시, 권력의 문제를 중심으로 생각해보고자 한다. 모든 응시에는 권력

---

97) 여성한국사회연구소(편), 『북한 여성들의 삶과 꿈』, 사회문화연구소, 2001/2002, 앞의 책, 134쪽.

과 헤게모니가 있다. 푸코는 벤담(Bentham)의 일망감시장치인 '판옵티콘(panopticon)'을 예로 들어 범시각화의 억압적이고 독재적인 본성, 시각성과 폭력의 문제를 지적한다. 권력은 자기 모습을 내보이지 않으면서 모든 것을 보게 되는 일망감시장치의 구조를 통해 개인을 감시하고 통제하는 방법을 완벽하게 실현한다. '육체적으로 잔인하게 처벌하는 방법보다 감시하는 방법에 의존한 권력의 전략으로 인간의 육체는 규율에 길들여진다.'98) 그리고 가시성의 배치는 담론의 질서에 의해 매개되고 규제됨으로써 권력의 행사와 결부된다. 하나의 시각 체제에서 "권력 효과를 생산하는 가시성의 배치는 따라서 담론의 지배를 받으며, 역으로 담론에 의한 사회적인 의미 작용망의 지배 때문에 시각 체제는 일정한 권력 효과를 생산한다."99) 또 시각, 지식, 진리, 여자의 육체 등은 서로 어울려 문화의 중심적이고 매우 의미심장한 태도와 몸짓을 구성한다.100) 그래서 순수한 시선이란 없으며 시선은 항상 권력과 연관된다.

북한 영화에서의 시선, 감시, 권력의 문제를 고찰하기 위해 필자는 북한에서 대중적으로 호응 받았을 뿐만 아니라 북한 현실의 문제점을 잘 드러내고 있는 〈우리집 문제〉 시리즈를 중심으로 살펴보고자 한다.

---

98) 미셸 푸코a, 오생근(역), 『감시와 처벌: 감옥의 역사』, 나남, 2003, 12-14쪽.

99) 주은우, 『시각과 현대성』, 한나래, 2003/2005, 118쪽.

100) 퍼터 브룩스, 이봉지·한애경(역), 『육체와 예술』, 문학과지성사, 2000, 198쪽.

[사진3-1] 〈우리는 모두 한 가정〉

또 이 영화들은 김일성에서 김정일 시기로의 이행기인 1980년대와 1990년대 초반에 제작되어 그 변화의 물결을 잘 보여준다. 그리고 이 영화들은 영화계의 실질적인 지침서 역할을 하는 김정일의 강한 비판을 받지만, 북한 대중들에게는 많은 인기를 얻은 아이러니한 작품이다. 이후 김정일은 이 작품에 관심을 보여 계속해서 시리즈물로 만들라고 지시를 할 뿐만 아니라 자신이 제작에 직접적으로 관여한다. 그래서 〈우리 집 문제〉 시리즈 영화는 북한 체제의 일방적이고 지시적인 제작 경향, 특히 김정일의 세부적인 제작 지도와 북한 대중들의 호응과 욕구 등의 복합적인 양상을 잘 드러내고 있는 작품이라는 점에서 의의가 있다. 특

히 제3장은 시리즈 중에서도 시선, 감시, 권력의 문제를 잘 보여주는
〈우리 처가집 문제〉(1980)[101], 〈우리 누이집 문제〉(1981)[102], 〈우리
는 모두 한 가정〉(1984)[103], 〈우리 삼촌집 문제〉(1988)[104]을 중심으로

---

101) 〈우리 처가집 문제〉: 1980년, 75분, 흑백.
　　줄거리: 시어머니 생신날 늦잠을 잔 며느리는 남편에게 잔소리를 듣는다. 그래서 며느
　　리는 상사에게 시집살이가 고되다며 시어머니 생신상을 차리러 집에 가야 한다고 말
　　하고, 이에 가정을 방문한 상사는 며느리가 시어머니를 함부로 대한다는 사실을 알게
　　되어 훈계한다. 며느리는 우편국장을 만나 시어머니 때문에 힘들다고 불평을 하여, 우
　　편국장 부부가 시어머니에게 며느리 시집살이 그만 시키라고 조언을 한다. 나중에 그
　　며느리가 남편이 가져온 옷감을 몰래 챙기고 가사일에 소홀히 하고 시어머니를 모시
　　지 않으려고 하는 사실이 밝혀진다. 이에 시댁 식구들이 며느리를 책망하고 며느리가
　　집을 나간다. 집에 돌아온 며느리는 시어머니가 시누이들 앞에서 자신을 감싸주는 것
　　을 보고는 반성하고 결국 시어머니와 화해한다.

102) 〈우리 누이집 문제〉: 1981년, 82분, 흑백.
　　줄거리: 우편국장의 누이가 며느리와 갈등해서 집을 나와 우편국장을 찾아온다. 이에
　　우편국장 부부가 누이집에 가서 누이와 며느리를 화해시킨다. 며느리는 취직을 해서
　　가사일에 차질을 빚어 시댁 식구들과 갈등하는 한편 시어머니를 챙기기 위해서 상사
　　에게 거짓말을 하여 곤란해진다. 그리고 염소와 통장 문제로 시어머니와 시누이가 며
　　느리가 돈을 빼돌린다고 오해한다. 시어머니는 아파서 이불을 뒤집어쓰고 누워있는
　　며느리를 딸로 오인하고는 며느리 흉을 본다. 이후 시어머니, 시누이, 남편, 며느리 사
　　이에 갈등이 생기고 며느리가 집을 나간다. 이것을 본 우편국장 부부가 누이집을 찾아
　　가 며느리가 사실은 시누이와 시동생 결혼자금으로 돈을 모으고 있다는 사실을 밝히
　　고 시어머니와 시누이가 반성한다. 결국 며느리가 다시 집에 들어오고 시어머니와 서
　　로 화해한다.

103) 〈우리는 모두 한 가정〉: 1984년, 54분, 칼라.
　　줄거리: 우편국장 환갑에 친척과 이웃이 모두 모여 축하를 하면서 각자 예전의 과오를
　　떠올리며 반성을 하며 화목한 모습을 보여준다. 이들은 텔레비전 방송 '우리는 모두
　　한 가정'에 출현하기로 제의하면서 합창으로 시작하자고 하면서 기획과장부부를 추천
　　한다. 그래서 이들은 가사일과 육아 분담문제로 갈등을 겪고 있는 기획과장부부를 화
　　해시키기 위해 계책을 마련하지만 오히려 문제가 악화되고 결국 모두 한자리에 모인

고찰하고자 한다.

기본적으로 불 꺼진 영화관은 세 개의 시선, 즉 "영사기를 통해 스크린에 투사되는 카메라의 시선, 그 스크린의 이미지들 속에 존재하는 등장인물들의 시선, 그리고 스크린을 주시하는 관객의 시선"105)이 존재한다. 필자는 이 중에서 등장인물의 시선을 중심으로 고찰하고자 한다. 제3장은 〈우리 처가집 문제〉, 〈우리 누이집 문제〉, 〈우리는 모두 한 가정〉, 〈우리 삼촌집 문제〉에서의 등장인물들의 세 가지 시선 즉 주변 인물들/여주인공/우편국장의 시선을 중심으로 고찰하고자 한다. 그래서 이 영화들에서 드러나는 지배적 시선과 억압을 보여주는 주변 인물들의 시선(=2절), 남근적 시선의 불완전성과 오인을 드러내는 여주인공의 시선(=3절), 규율적 시선과 효용성을 보여주는 우편국장의 시선(=4절)을 구체적으로 살펴보고자 한다.

---

자리에서 우편국장이 그 부부를 질타한다. 결국 그 부부는 각자 자신을 반성하고 화해한다. 그래서 텔레비전 방송에 출연하여 우편국장의 지휘에 맞춰 즐겁게 합창을 한다.

104) 〈우리 삼촌집 문제〉: 1988년, 79분, 칼라.
줄거리: 우편국장의 동생인 도시건설 처장인 삼촌은 상사인 최 부위원장에게 잘 보이기 위해서 그의 아파트 상하수도 건설부터 먼저 하려다가 학교 상하수도 건설부터 먼저 해줘야 한다는 부하직원 송선희 여자지도원과 갈등하게 된다. 이로 인해 처장은 그녀를 못마땅하게 여겨 그녀의 집을 불시에 방문하고 그녀의 시댁 가족들을 만나서 훈계한다. 나중에 그녀가 사직서를 내는 문제가 발생하자 처장은 형인 우편국장의 비판을 듣고 반성하게 된다.

105) 주은우, 앞의 책, 482쪽.

## 2. 주변 인물들의 시선: 지배적 시선과 억압

1) 여주인공의 일탈과 주변 인물들의 감시와 지배의 시선

〈우리 처가집 문제〉, 〈우리 누이집 문제〉, 〈우리는 모두 한 가정〉, 〈우리 삼촌집 문제〉에서 주변 인물들은 여주인공의 일탈 현장을 목격한다. 이때 시선의 주체는 대부분 상사, 시댁 식구들이며, 시선의 대상은 여주인공이다. 여주인공은 이중 노동의 부담을 갖고 있으며 직장일과 가정일을 양립하고자 애쓴다. 이때 문제가 발생하여 그녀는 가정일과 직장일 중에서 하나를 선택해야 하는 기로에 놓인다. 그 결과 여주인공이 가정일에 매진하고자 직장에서 일탈할 때는 상사에게 목격당하고, 직장일에 매진하고자 가정에서 일탈할 때는 시댁 식구들에게 목격당한다. 결국 이런 목격으로 주변 인물들과 여주인공의 갈등이 점점 커지면서, 결국 주변 인물들은 여주인공의 문제를 공개적으로 거론하기에 이른다. 주변 인물들의 시선은 여주인공의 일탈 현장을 항상 포착하는 불신과 감시의 시선이다.

주변 인물들의 시선은 여주인공에 대한 감시와 통제의 수단이 되어 여주인공에 대한 지배와 연관된다. 푸코에 의하면, '통제하는 감시자는 보이지 않으면서 보고 있는 무제한적인 능력을 가지며, 죄수는 보이지 않는 눈에 의해 침묵을 강요당한다.[106]' 그래서 '감시 권력의 장치는 말 그대로 응시의 장치이고 현대성의 시각은 곧 권력의 시각이라는 점에서

---

106) 미셸 푸코a, 앞의 책, 303-317쪽.

볼 때, 시각의 문제는 항상 지배의 문제이고 사회정치적인 문제이다.107) 시각 체제는 감시와 통제의 수단으로 사용되어 권력의 눈이 된다. 결국 시선은 권력의 시선이자 지배하는 시선이다. 그래서 여주인공에 대한 시선은 바로 여주인공을 지배하는 시선이다. 이렇듯 주변 인물들의 시선은 대부분 감시와 지배의 시선으로서 여주인공을 시각성의 감옥에 가두는 감시 메커니즘을 보여준다.

## 2) 본다=안다: 가시적인 나 = 실재적인 나

〈우리 처가집 문제〉, 〈우리 누이집 문제〉, 〈우리는 모두 한 가정〉, 〈우리 삼촌집 문제〉에서 주변 인물들이 여주인공의 일탈 현장을 목격하지만, 정작 그녀는 그 사실을 모르는 채 있게 된다. 보이는 것과 보이지 않는 것은 '선별과 배제'와 연관된다. 주은우에 의하면, '선별과 배제는 보이는 것/보이지 않는 것, 볼 수 있는 것/볼 수 없는 것, 볼 수 있도록 허용된 것/볼 수 없도록 억압된 것 등을 배치한다.108)' 이 선별과 배제와 관련해서 가시성의 문제는 담론의 질서와 권력의 작동방식과 연관된다. 이 영화들에서 여주인공은 보이는 것, 볼 수 있는 것, 볼 수 있도록 허용된 것과 연관되는 반면, 주변 인물들은 보이지 않는 것, 볼 수 없는 것, 볼 수 없도록 억압된 것과 연관된다. 이러한 가시성의 선별과 배제

---

107) 주은우, 앞의 책, 366-367쪽.
108) 주은우, 위의 책, 110쪽.

가 바로 여주인공에 대한 주변 인물들의 권력 작동방식이 된다. 이때 주변 인물들은 자신의 시각을 맹신하고 특권화하면서 시선의 객체인 여주인공을 지배하고 억압하고자 한다. 왜냐하면 여주인공을 본다는 것은 여주인공을 안다는 것이 되고, 시선은 진리와 주체의 문제와 연관되기 때문이다.

주변 인물들의 시선에서 주체인 주변 인물들의 능력과 객체인 여주인공의 수동성으로 인하여, 주변 인물들의 보이지 않는 눈(eye)은 여주인공의 가시적인 나(I)가 된다. 권력은 가시적이고 확인할 수 없는 것이 되어야 한다. 서구에서는 시각에 항상 우위성을 부여해 왔다. 그래서 시각은 "감각 중에서 가장 객관적이고, 진리로 이끄는 매개체이며, 현실을 조사 파악하는 데 가장 알맞은 감각"이므로 "일상적인 의미에서 '본다'라는 말은 '안다'와 동일시"109)된다. 이런 시각의 특권화는 객체를 관찰과 통제의 대상으로 삼음으로써 지배와 억압의 사회적 결과를 초래한다.110) 감시의 이중적인 의미는 감시자의 눈에서 벗어나지 못한다는 감시자의 무제한의 능력 그리고 시선과 경계를 상상하며 두려움을 느끼는 수동적이고 방관자적인 객체 죄수이다. 그래서 '감시는 보이지 않으면서 보고 있는 전능한 경계에 의한 통제이며, 감시자의 보이지 않는 눈(eye)은 죄수의 가시적인 나(I)가 된다.111)' 이러한 권력 메커니즘의 도식에서 여주

---

109) 피터 브룩스, 앞의 책, 195쪽.

110) 주은우, 앞의 책, 35쪽.

인공은 시각화된 죄수처럼 수동적이고 무력한 방관자이며, 관찰·감시의 주체를 상실한 객체가 된다.

### 3) 응시의 일방향성: 여주인공의 수동성과 시각성의 감옥

〈우리 처가집 문제〉, 〈우리 누이집 문제〉, 〈우리는 모두 한 가정〉, 〈우리 삼촌집 문제〉에서 주변 인물들의 시선은 남근적, 지배적, 가부장적이지만, 여성은 시선의 대상이라는 점에서 응시의 일방향성을 드러낸다. 여기에서 시선의 주체는 대부분 남성이며, 시선의 대상은 대부분 여성이다. 이때 시선은 주체와 대상이 상호적으로 마주보는 시선이 아니라 일방향적이다. 시선의 주체인 주변 인물들은 여주인공을 보지만, 시선의 대상인 여주인공은 시선의 주체를 보지 못한다는 점에서, 비가시성의 영역, 시선의 차별성 문제가 제기된다. 푸코에 의하면, '죄수는 보이긴 해도 볼 수는 없으며 정보의 대상이 되긴 해도 정보 소통의 주체가 되지 못한다.112)' 즉 감시자인 탑의 간수는 모든 것을 볼 수 있지만, 녹방의 죄수는 보이긴 해도 볼 수는 없다. 영화 속에서 시선의 주체인 권력은 보지만 시선의 대상인 복종하는 자는 보지 못한다는 점에서 시선의 일방향성이 나타난다. 이러한 시선은 감시와 연결되며 권력과 연관

---

111) 정화열, 이동수 외(역), 『몸의 정치와 예술 그리고 생태학』, 아카넷, 2005, 96-97쪽.

112) 미셸 푸코a, 앞의 책, 310쪽.

되며, 여주인공은 시각성의 감옥에 갇히게 된다. 그리고 여성은 끊임없는 감시의 시선의 결과로 자신의 의지와는 상관없이 "문제를 빠개자!"라는 주변 인물들의 강요에 직면하여 인민재판의 성격을 띠는 토론에 끌려나온다.

이때 주변 인물들의 시선은 복종과 억압의 시선으로서 여주인공을 복종하는 신체로 만들고자 하는 남근적 시선이다. 즉 여성은 수동적 대상으로 설정되어, 위계화된 성차의 논리, 감시라는 시각적 폭력, 시각의 남근주의를 드러낸다. 브룩스에 의하면, '세상을 바라보는 시각은 전체 서구 전통을 통틀어 남성적인 것으로 여겨져 온 반면, 시선의 대상, 즉 벌거벗겨지고 드러내어지는 것은 항상 여성으로 비유된다.113)' 또 담론의 질서에 의해 차별적이고 위계화된 성차의 사회적 논리가 관통함으로써 "여성은 스펙터클, 즉 보여지는 수동적인 대상으로서 위치지어지고, 남성은 보다 쉽게 응시와 자신의 눈을 일치시킬 수 있는 위치"114)에 서게 된다. 또한 '지식의 주체인 남자라는 개념은 지식의 대상인 여자의 육체라는 개념에 대응되며 이러한 지식은 흔히 진리를 드러내는 방법이라 간주되는 시각적 탐구에 의해 이루어진다.'115) 그래서 여주인에 대한 주변 인물들의 시선은 감시와 통제로서 권력이 인간과 신체를 처벌하고 감시하는

---

113) 피터 브룩스, 앞의 책, 196쪽.

114) 주은우, 앞의 책, 122쪽.

115) 피터 브룩스, 앞의 책, 198쪽.

근거가 된다.

### 4) 주변 인물들의 시선과 김일성의 단단한 근대화

김일성의 수령제는 '산업화, 성과 위주로 이뤄지면서 현재와 대중의 욕망을 지연 또는 희생시켜 왔다는 점에서 단단한 근대화를 보여주며, 주체사상에서 주체란 매우 의지적인 주체로서 미래의 시간을 기획하고 현재를 인내하며 노력하는 주체이다.116)' 즉 수령제가 내세우는 혁명 영웅과 천리마 영웅은 미래의 영광(=민족의 진정한 해방, 사회주의의 완성)을 위해 현재를 희생하고 인내하며 중단 없이 노력하는 인물들이다. 또한 근대의 주체는 양심이라는 재판관을 지닌 자기 통제가 가능한 인간이고, 자기 내부에 스스로 규제를 가하는 인간은 북한에서 공산주의 윤리에 근거해 항상 자신의 행동을 반성하는 인물로 등장한다.

〈우리 처가집 문제〉, 〈우리 누이집 문제〉, 〈우리는 모두 한 가정〉, 〈우리 삼촌집 문제〉에서 주변 인물들의 시선은 김일성의 단단한 근대화를 보여준다. 여주인공에 대한 주변 인물들의 시선은 여성으로 대변되는 현재와 대중의 욕망을 희생시키기를 강요한다는 점에서 김일성 수령제의 단단한 근대화를 암시하며, 여성에게 의지적인 주체로서 미래의 영광을 위해 현재를 희생하고 인내하며 중단 없이 노력하는 인물이 되기를 요구하는 억압적 시선이다. 그래서 주변 인물들의 시선은 여주인

---

116) 이명자, 앞의 논문, 15-18쪽.

공에 대한 경직되고 통제적이고 억압적인 시선이다. 그리고 여주인공을 하나의 눈으로 바라보려는 주변 인물들의 시선은 초월성과 보편성을 상징하는 꼭지점 위의 외눈이며, 여주인공을 복종하는 신체로 만들기 위해서 육체를 시선 안에 잡아두려고 하며 천리마 운동 식의 근대화를 상징한다는 점에서 과거의 관행이다. 그래서 주변 인물들의 시선은 김일성의 단단한 근대화의 통제, 억압, 지배를 상징하며, 주변 인물들에 대한 우편국장의 비판은 바로 그런 김일성의 단단한 근대화와 과거에 대한 비판이라고 할 수 있다.

## 3. 여주인공의 시선: 남근적 시선의 불완전성과 오인

### 1) 능동적인 여성 처벌과 여주인공의 진실의 시선

〈우리 처가집 문제〉, 〈우리 누이집 문제〉, 〈우리는 모두 한 가정〉, 〈우리 삼촌집 문제〉에서 여주인공들은 주변 인물들의 감시의 시선에 대해서 방관/위장/대항/은폐라는 네 가지 다른 태도를 보인다. 〈우리 누이집 문제〉의 며느리는 방관하고, 〈우리 처가집 문제〉의 며느리는 위장하고, 〈우리 삼촌집 문제〉의 여자지도원은 대항하고, 〈우리는 모두 한 가정〉의 아내는 은폐한다. 이러한 주변 인물들의 감시의 시선에 대해 여주인공이 방관/위장/대항/은폐하는 이유는 주변 사람들의 감시의 시선과 자신의 욕망이 어긋나기 때문이다. 이때 헌신적인 여성은 오해로 인

하여 이기적인 여성으로 오인받고, 이기적인 여성은 거짓말로 인하여
헌신적인 여성으로 오인받는다. 여주인공은 이런 오인의 시선으로 인해
고통을 받는다.

[사진3-2] 〈우리 처가집 문제〉, 〈우리 누이집 문제〉, 〈우리는 모두 한 가정〉,
〈우리 삼촌집 문제〉의 여성 인물

그리고 이러한 감시의 시선의 결과로 헌신적이고 수동적인 여주인공
은 오해가 풀리고 용서받는 데 반해, 이기적이고 능동적인 여주인공은
위장이 드러나 질책받는다. 여기에서 여주인공은 시선의 주체가 아니라
수동적인 대상에 머무르며, 능동적인 주체가 되고자 할 때는 처벌을 받
는다. 〈우리 삼촌집 문제〉에서 남자 상사의 비리를 보고한 여성지도원

송선희는 가족이 해산되고 직장을 그만두게 된다. 〈우리 사돈집 문제〉에서 우편국장의 딸은 미래 시동생의 대학 입학에서 청탁을 거절했다는 이유로 미래 시부모에게 파혼당한다. 여주인공은 자신이 중심이 되어 능동적인 역할을 하고자 할 때 문제가 발생하고 갈등이 일어난다. 왜냐하면 능동적인 남성과 수동적인 여성이라는 전형적인 틀에 맞지 않는 '능동적인 여성'은 모든 문제의 원인으로 지목되기 때문이다. 결국 여주인공들은 슈퍼우먼이나 희생양이 되기를 요구받는다.

영화 속에서 '여성을 바라보는 남성의 응시는 여성을 고정시킴으로써 여성을 페티시화하고 여성을 욕망의 주체가 아닌 객체로 만들어 버리며, 여성을 고정시켜서 남성이 여성의 육체를 인식하거나 해독함으로써 얻는 의미들을 여성에게 부과한다.117)' 시선의 주체인 능동적인 남성은 지배적인 남성의 시선과 남근우월주의를 보여주는 반면, 시선의 대상인 수동적인 여성은 욕망의 주체가 아닌 객체로 머문다.

하지만 찰나적으로 보이는 여주인공의 시선은 전체를 조망하는 사랑과 진실의 시선이다. 여주인공에 대한 주변 인물들의 감시의 시선은 있지만, 주변 인물들에 대한 여주인공의 감시의 시선은 거의 없다. 왜냐하면 여주인공의 시선은 과도한 일 때문에 타인을 볼 시간이 없어서 보더라도 잠깐의 찰나적 시선이며, 감시와 불만의 시선인 주변 인물들의 시선과는 달리 사랑과 배려의 시선이기 때문이다. 그리고 주변 인물들의

---

117) 수잔 헤이워드, 이영기(역), 『영화 사전: 이론과 비평』, 한나래, 1997, 312쪽

시선은 대부분 여주인공에 대한 감시와 지배의 시선이고 그녀가 처한 사실, 상황, 의도에 대해서 한 측면만을 일방적으로 보면서 오인하지만, 여주인공은 찰나적 시선이지만 자신과 주변 인물들이 처한 상황을 전체적으로 조망하고 이해하면서 다른 인물들을 배려하고 존중한다. 그래서 주변인물/여주인공의 시선 차이는 지배/피지배, 중심적/주변적, 감시/사랑, 당원/인민의 관계를 보여준다.

## 2) 오인으로 인한 남근적 시선의 불완전성: 가시적인 나와 실재적인 나의 균열

〈우리 처가집 문제〉, 〈우리 누이집 문제〉, 〈우리는 모두 한 가정〉, 〈우리 삼촌집 문제〉에서 주변 인물들의 감시의 시선과 비판이 진실이 아닌 오인으로 밝혀지면서, 남성중심적 감시의 시선은 그 불완전성이 드러나게 되어 오히려 저항을 받게 된다. 그래서 주변 인물들의 시선은 남성의 일방향적인 감시의 시선으로서 지배력을 행사하고자 하지만, 시각과 사실의 불일치로 인한 오해임이 밝혀짐으로써 남근적인 시선을 통한 감시와 지배의 불완전성과 균열을 드러낸다. 데카르트적 원근법 주의는 "정상적인 시각에서의 두 개의 눈이라기보다는 하나의 단일한 눈"이며, "동적인 눈이라기보다는 오히려 정적이고 깜박거리지 않는 고정된 눈"118)이다. 데카르트적 원근법주의는 두 개가 아니라 하나의 눈이

---

118) 헬 포스터(편), 최연희(역), 『시각과 시각성』, 경성대학교출판부, 2004, 29쪽.

고 고립된 주체이기 때문에 잘못 지각할 수 있는 선천적인 소질을 지니고 있다.119) 그리고 '시각은 분리시키거나 거리를 두는 것이고 고립·분리시키고 분석하는 경향이 있으며, '눈(eye)'과 '나(I)' 사이에는 동일성에 균열이 생김으로써 가시적인 나와 실재적인 나의 균열이 생긴다.120)

그래서 주변 인물들의 시선이 오인으로 밝혀지고 여주인공에 대한 가시적인 나와 실재적인 나가 균열됨으로써, 상충되고 갈등하는 시선의 공존과 시선의 비선형성, 파편성, 탈중심화, 저항 등이 드러난다. '근대적인 시각은 초월성, 합리성이 아닌 균열을, 사실과의 일치가 아닌 사실과 무관한 특성을, 타자의 응시로 인한 탈중심화와 저항을 드러낸다.121)' 그리고 관찰은 명료함과 지배력을 산출하는 것이 아니라 "동요와 시각 능력의 상실, 관찰자의 능력 박탈을 초래"하게 되며 이러한 현상은 주로 "여성의 육체를 욕망의 대상으로 응시하면서 동시에 그 여성이 욕망의 주체가 될 수도 있다는 사실을 인식하는 순간에 발생"122)한다. 관찰자의 눈은 그를 전방위로 둘러싸고 있는 전체적인 장의 한 부분만을 바라본다. 그래서 여성의 육체를 시선 속에 고정시키려는 시도는 계속 좌절된다. 그래서 주변 인물들의 오인으로 인해서 중심적인 시선

---

119) 핼 포스터(편), 위의 책, 63-96쪽.

120) 정화열, 앞의 책, 94쪽.

121) 핼 포스터(편), 앞의 책, 7-15쪽.

122) 피터 브룩스, 앞의 책, 172쪽.

의 해체, 선형적인 내러티브의 지배로부터의 이미지의 해방과 비선형성 및 파편성, 탈중심화 등이 이루어진다. 이렇듯 주변 인물들의 시선은 하나의 단일하고 고정된 눈으로서 잘못 지각할 수 있는 선천적인 소질을 갖고 있기 때문에, 그 오인으로 인하여 시각 능력의 상실과 관찰자의 능력 박탈을 보여줌으로써 여주인공이 욕망의 주체가 될 수 있음을 시사한다.

네 편의 영화들에서 타자의 시선이 여주인공의 진실과 일치하지 않는다는 점에서 오해가 발생한다. 시각은 담론을 통해서 권력에 연관되며, 주체의 시선은 주체의 담론과 연관된다. 당원의 시선을 재현하는 타인의 시선은 감시와 통제의 응시이며, 개인의 자유를 억압하고 개인의 진실과는 일치하지 않는다. 즉 감시자의 눈은 '가시적인 나'이지만 '실재적인 나'가 아니라는 점에서, 타인에 의해 구성되는 나이면서 오인이다. 이처럼 대부분 '가시적인 나'와 '실재적인 나'가 일치하지 않아서 '실재적인 나'의 진실을 왜곡하고 오해하는 경우들이 많기 때문에, 시각성의 감옥을 통한 감시와 통제는 그 기능을 잘 수행하지 못하게 된다. 그래서 주변 인물들의 시선은 개인을 억압하고 있으나 결코 진실에는 도달하지 못한다. 그리고 주변 인물들의 시선에서 발생하는 오인으로 인하여 시각에 의한 감시와 지배도 그 불완전성을 드러나게 됨으로써, 여주인공이 주변 인물들의 남근적 감시의 시선에 대해 비판적인 저항을 할 수 있는 입지가 마련되어, 지배/피지배, 중심/주변으로 구획을 나누는 위계질서에 대해서도 이의를 제기하게 된다.

### 3) 여주인공의 시선: 북한의 가부장제의 모순과 북한 여성의 욕구

북한은 공식적으로는 가부장제가 사라졌지만, 비공식적으로 가부장제가 깊이 내면화되어 있다는 점에서 모순을 보인다. 또 북한의 공식적인 평등화 정책으로 인한 남성의 불안은 〈우리 누이집 문제〉, 〈우리 처가집 문제〉, 〈우리 삼촌집 문제〉, 〈우리는 모두 한 가정〉에서 여성에 대한 가부장제의 감시의 시선으로 나타난다. 북한에서는 "가부장제 이데올로기가 가족 내에서는 말할 것도 없고 사회적 노동에조차 깊이 내면화되어 있어서, 결국 여성은 진정한 의미에서 해방되었다고 볼 수 없다는 논리가 '사회주의 및 북한식 가부장제'의 핵심논리"123)이다. '한편으로는 제도로서의 가부장제가 사라진 북한에서 공식적 문헌 어디에서도 가부장제를 지지하는 흔적을 찾아볼 수 없지만, 다른 한편으로는 수령-당-대중의 사회정치적 생명체론에서 '아버지=수령, 어머니=당' 논리가 가부장적이기 때문에, 북한의 가부장제는 모순이 된다.'124)

주변 사람들 시선의 불완전성에 대한 여주인공의 저항은 바로 북한 체제의 가부장적 모순, 김일성의 단단한 근대화, 이전의 과거에 대한 비판이다. 즉 여주인공의 시선은 김일성의 단단한 근대화에 대한 북한 대중의 저항을 보여준다. 김일성식 근대화의 일방향적 특성은 주변 인물들의 일방향적 오인의 시선으로 나타난다. 주변 인물들이 여주인공의

---

123) 김귀옥, 앞의 논문, 278쪽.

124) 김귀옥, 위의 논문, 18쪽.

현실과 상황에 대해서 제대로 인식하지 못하고 있듯이, 김일성의 단단한 근대화도 북한 대중과 유리되고 억압의 기능을 수행하고 있음을 암시한다. 주변 인물들의 감시·오인의 시선과 여주인공의 사랑·고통의 시선 사이의 충돌은 김일성의 단단한 근대화와 북한 대중 사이의 갈등을 드러낸다. 여주인공은 어떤 가치관을 지지하기보다는 일상적 삶을 재현하고 욕망을 표현하는 역할을 수행한다. 즉 여주인공의 시선과 고통은 북한 대중의 현재적 시선을 의미한다. 그래서 여주인공의 시선은 아직은 중심으로 나서고 있지는 않음에도 불구하고 지배적인 시선과 체제에 대한 불만을 문제로 제기하며, 자신의 욕구를 표현하고자 하는 인민의 시선이다.

## 4. 우편국장의 시선: 규율적 시선과 효용성

### 1) 피라미드형 시선: 위계질서화된 감시와 훈육적 통제

〈우리 처가집 문제〉, 〈우리 누이집 문제〉, 〈우리는 모두 한 가정〉, 〈우리 삼촌집 문제〉에서 우편국장의 시선은 피라미드식 위계질서화된 감시를 통해 공개적이면서도 은밀한 규율중심적 권력을 만들어낸다. 그래서 위계질서화된 감시를 통해 국가권력이 사적 영역으로 침투 혹은 개입하는 것이다. 피라미드형의 감시체제가 권력을 만들어내며, 개개인을 영속적이고 연속된 영역 안에서 분류한다. 이러한 규율중심적 권력

은 공개적이면서 은밀하다. 공개적인 것은 우편국장의 공식적이고 직접
적인 목소리이고, 은밀한 것은 감시 대상이 모르는 감시의 시선이다. 항
상 위에서 아래를 감시하며, 시선의 주체와 대상은 서열화 되어 있다.
상사는 부하를, 윗사람은 아랫사람을, 시댁 식구는 며느리를, 남성은 여
성을 감시한다.

　우편국장의 피라미드형 시선과 감시는 여주인공의 몸을 통제되는 몸
으로 생산하여 육체와 심리 둘 다를 지배하고자 한다. 북한 영화에서 드
러나는 피라미드형 시선은 빈틈없는 조직망을 통해서 단계를 다양화하
여 통제한다. 특히 우편국장의 시선은 제레미 벤담이 상정한 원형 감옥,
즉 "중간에 위치한 감시자가 자기는 보이지 않으면서도 다른 모든 사람
들의 모습, 행동을 관찰하고 해석할 수 있도록 만들어진 모든 것이 한
눈에 보이는 감옥"125)과 잘 맞아떨어진다. 우편국장의 시선은 판옵티콘
의 시선이며 피라미드형 감시체제로서 초월적 시선의 완전성을 보여준
다. 그래서 우편국장의 시선과 여주인공의 몸의 문제는 서로 연관되어
있다. 바트키에 의하면, '시선에 의해 통제되는 몸을 통해 의식적으로
영구히 감시당하고 있다는 기분은 육체에 대한 빈틈없는 훈육적 통제가
심리 또한 지배하게 된다는 것을 보여준다.'126)

---

125) 피터 브룩스, 앞의 책, 171쪽.

126) 케티 콘보이 & 나디아 메디나 & 사라 스탠베리(편), 조애리 외(역), 『여성의 몸, 어
　　떻게 읽을 것인가?』, 한울, 2001, 209쪽.

## 2) 생산성과 효용성의 시선: 가정 통제와 국가의 효율성

〈우리 처가집 문제〉, 〈우리 누이집 문제〉, 〈우리는 모두 한 가정〉, 〈우리 삼촌집 문제〉에서 복종성과 유용성이 정비례하고 감시와 규격화가 권력의 도구이기 때문에, 우편국장의 시선은 여주인공에 대해 일상생활의 통제, 결과보다는 과정의 집중, 틀에 끼워 넣기 등을 통해서 생산성과 유용성을 높이고자 한다. 한편으로, 주변 인물들의 시선과 우편국장의 시선은 여주인공의 일탈을 감시한다는 점에서는 유사하다. 푸코에 의하면, '규율중심적 형벌의 대상이 되는 것은 모든 일탈 행위이며, 규율에 따른 징벌은 일탈 행위를 없애고 교정하는 역할을 한다.'127) 전반부에 벌어진 여성의 일탈 행위는 후반부에 와서 처벌받고 결말에 가서 반성하는 반면, 규율을 준수한 여성의 경우에는 보상받는다.

다른 한편으로, 주변 인물들의 시선은 여성의 일탈 행위를 처벌하지만, 우편국장의 시선은 그 감시에 있어서 생산성과 효용성을 강조한다는 점에서, 차별적이다. 그래서 우편국장의 시선은 여성의 일탈 행위에 대한 단속이며, 규율에서 이탈한 사람들을 포획해 효율적인 장치 속으로 다시 집어넣는 메커니즘이다. 일상생활까지 통제하려는 것, 신체 자체보다 유효성을 통제하려는 것, 활동 결과보다는 과정에 집중해서 생산성을 높이려는 것 모두가 권력의 통제이다. 푸코에 의하면, '규율은 유용할수록 복종하게 만들거나 혹은 복종할수록 유용하게 하는 관계의

---

127) 미셸 푸코a, 앞의 책, 281쪽.

성립을 지향한다.'128) 즉 규율에 있어서 신체의 복종과 유용성이 정비례한다. 그래서 규율은 복종, 훈련, 순종하는 신체를 만들며, 유용성을 높이고 복종하게 하기 위하여 신체와 힘을 분리한다. 위계질서화한 감시의 공간적인 중첩은 틀에 끼워 넣기 원리이다. 이런 감시와 규격화는 권력의 중요한 도구의 하나이다. 우편국장은 감시를 통해 일탈을 배제함으로써 자신이 말하는 논리를 기준으로 하는 규격을 이루고자 한다. 그래서 〈우리집 문제〉 시리즈에서 틀에서 빠져나온 개체가 바로 '문제'가 되며 이에 대해 우편국장이 제재를 가하는 것이 바로 〈우리집 문제〉 시리즈로 형상화되는 것이다. 이렇듯 우편국장의 시선은 생산성과 효용성을 강조하고 양보다는 질을 강조하여 여성을 생산하는 신체로 만들고자 한다.

우편국장은 가정의 통제와 국가의 효율성을 연계시키면서 개인의 사적 영역을 감시하고 통제하고자 한다. 우편국장은 무조건적인 복종이 아니라 생산성·효용성을 강조하기 때문에 양보다는 질을 강조하면서 인민들에게 문화사업과 가정생활 등의 중요성을 역설한다. 그래서 지도자의 시선인 우편국장의 시선은 여주인공의 생산성·효용성을 높여 그녀를 생산하는 신체로 만들고자 한다. 우편국장은 인민들에게 국가의 생산성·효율성을 높이기 위해 가정의 문제를 해결하라고 촉구한다. 그래서 우편국장은 내러티브 면에서는 주요 인물들 중에서는 가장 작은 자리(=

---

128) 미셸 푸코a, 위의 책, 214-217쪽.

구경꾼, 관찰자)를 차지하지만, 권력과 응시 면에서는 가장 큰 자리(=중재자, 지도자)를 차지하고 있다. 주변 인물들의 시선은 감시와 오인에서 끝나지만, 우편국장의 시선은 타인의 삶에 개입한다. 그래서 우편국장의 시선은 부드럽지만 강화된 통제 즉 직접적인 감시에서 간접적인 통제로의 양식 변화를 보여준다. 주변 인물들의 시선은 오인이고, 여주인공의 시선은 진실이고, 우편국장의 시선은 오인에서 진실로 나아간다. 그래서 우편국장의 시선은 주변 인물들의 오인과 여주인공의 진실 사이에서 생긴 균열·저항을 봉합하고 갈등을 해결하면서 헤게모니를 장악한다. 왜냐하면 우편국장은 응시의 대상인 여주인공뿐만 아니라 응시의 주체인 주변 사람들까지도 응시의 대상으로 다시 만들기 때문이다.

### 3) 우편국장의 시선과 김정일의 부드러운 근대화

김정일의 근대화는 "소비, 쾌락, 욕망 등을 긍정적으로 수용하는 방향에서 대중을 동원하고 있다"[129]는 점에서 부드러운 근대화를 보여준다. 김정일체제는 수령제의 한계를 극복하면서도 체제의 위협이 되지 않도록 하는 것 바로 수령제 자체는 변화시키지 않으면서 체제에 변화를 가져오는 부분적인 변화를 추구하는 것이 필요하다. 부분적 변화란 다름 아닌 인민들의 요구를 부분적으로 수용하는 것이다. 북한에서도 이미 현세적 가치, 개인적 선택, 사적 생활, 시장, 발전 환상에 대한 불신, 소

---

129) 이명자, 앞의 논문, 18쪽.

비에 대한 관심이 충만함을 알 수 있다. 이것은 앞서 '부드러운 근대성'으로 지칭했던 것이다. '김정일 시기 북한은 인민의 동요를 막고 체제를 통합하여 세계의 시간에 뒤지지 않기 위해 이런 근대의 부드러운 요소들을 긍정적으로 수용하는 변화를 보여준다.'130)

〈우리 처가집 문제〉, 〈우리 누이집 문제〉, 〈우리는 모두 한 가정〉, 〈우리 삼촌집 문제〉에서 우편국장의 시선은 인민들의 요구를 수용하고 대중을 동원하기 위해서 근대의 부드러운 요소를 부분적으로 수용하는 김정일의 부드러운 근대화를 예고한다. 여주인공의 일탈에 대한 우편국장의 시선은 오해에서 이해로, 오인에서 진실로, 비판에서 포용으로 변화하면서, 인민, 현실, 현재를 대변하는 여성을 배려함으로써 변화된 현실 상황을 받아들이면서 규율과 생산성을 높이고자 한다. 우선, 주변 인물들의 시선은 여주인공의 일탈을 포착해 내면서 가정이나 직장에서 일탈하는 여성을 오인하고 비판한다. 다음으로, 여주인공의 시선은 이런 오인으로 고통받지만, 진실을 말한다. 마지막으로, 우편국장의 시선은 처음에는 여주인공을 오인하지만, 나중에 진실을 알게 되면서 여주인공을 포용하고자 한다.

이때 우편국장은 효율성을 이야기하면서 〈우리 삼촌집 문제〉의 직장에서 일탈하는 여성, 〈우리 누이집 문제〉와 〈우리처갓집 문제〉의 가정에서 일탈하는 여성에 대해 이해와 포용으로 생산성을 높일 것을 강조

---

130) 이명자, 위의 논문, 18-19쪽.

한다. 그래서 우편국장은 여성의 입장에 서서 상사와 시댁 식구 그리고 남편의 역할이 달라져야 한다고 강조한다. 우편국장은 예전에는 여성의 활동이 사적 공간에만 국한되었지만, 이제는 공적 활동을 위해서 사적 영역에서 배려해 주거나(〈우리 누이집 문제〉) 혹은 사적 영역에 소홀하지 않기 위해서 공적 영역에서 배려해 줘야 한다(〈우리 삼촌집 문제〉)라고 강조한다. 그래서 우편국장은 주변 인물들보다 여주인공을 편듦으로써 변화된 현실 상황과 인민의 욕구에 귀를 기울이고자 한다.

이런 점에서 볼 때 우편국장의 시선은 김정일의 부드러운 근대화의 규율적 시선으로서 생산성, 통제의 세분화를 통해 심층적·내면적·생산적 억압을 보여주며, 당(=주변 인물들)과 인민(=여주인공)의 갈등을 봉합하고 헤게모니를 장악하고자 하는 지도자의 시선이다. 하나의 눈이 천 개로 나누어져서 통제의 세분화, 미시화가 이루어진다는 점에서 생산으로서의 억압이다. 우편국장의 눈은 나폴레옹의 눈이다. 나폴레옹은 "한 눈으로 모든 것을 세압하는 사람이며, 아무리 미세하고 세부적인 것이라도 빠뜨리지 않는 사람"이며 "무엇이라도 밝게 하는 재주를 가진 천재의 눈"131)을 갖고 있다. 우편국장의 시선은 모든 것을 가시적으로 만들면서 자신은 보이지 않게 함으로써 자신의 감시 수단을 감춘다. 그래서 그 감시는 사회 전체를 지각 대상으로 만드는 '얼굴 없는 시선, 수천 개의 눈, 위계질서화한 긴 그물눈'132)을 상징한다.

---

131) 미셸 푸코a, 앞의 책, 334쪽.

우편국장의 시선은 단단한 근대화를 비판하면서 부드러운 근대화를 제시함으로써 대중들의 마음의 변화를 수용하고자 하며, 과거를 상징하는 주변 인물들과 현재를 상징하는 여주인공에게 미래의 대안을 제시한다. 주변 인물들에서 우편국장의 시선으로의 변화는 김일성의 단단한 근대화에서 김정일의 부드러운 근대화로의 변화를 예고하고, 통제에서 생산으로 바뀌는 국가 운영 방식의 전환이 시선의 전환으로 나타난다. 우편국장의 시선은 김정일의 부드러운 근대화를 암시하며 이전의 김일성의 단단한 근대화를 간접적으로 비판한다. 토론 장면에서 우편국장의 강조는 바로 이전의 봉건적인 통제와 비효율성에 대한 비판이다. 사회주의 국가들은 단단한 근대화의 추구에 사로잡혀 인민들 마음의 변화를 읽지 못함으로써 체제 유지에 실패했다고 할 수 있다. 그래서 김정일 시기의 변화란 바로 대중들의 마음의 변화를 수용하는 것이다. 그래서 주변 인물들의 시선은 과거의 시선이고, 여주인공의 시선은 현재의 시선이고, 우편국장의 시선은 미래의 시선이다.

## 5. 등장인물의 세 시선과 체제의 변화

제3장은 〈우리 처가집 문제〉, 〈우리 누이집 문제〉, 〈우리는 모두 한

---

132) 미셸 푸코a, 위의 책, 329-330쪽.

가정〉, 〈우리 삼촌집 문제〉에서 드러나는 등장인물의 세 가지 시선, 즉 주변 인물들의 시선, 여주인공의 시선, 우편국장의 시선을 중심으로 다층적인 시선의 층위에 대해 고찰하였다.

첫 번째, 주변 인물들의 시선은 복종과 억압의 남근적 시선이며 하나의 눈이다. 주변 인물들의 시선은 여주인공에 대한 상호가시성이 아니라 비가시성, 은폐, 책략이며, 통제와 명령으로 여주인공에게 복종하는 신체가 되기를 강요하는 남근적 시선이며 시선의 대상인 여주인공이 보지 못한다는 점에서 응시의 일방향성이다. 이처럼 주변 인물들의 억압적, 남근적 감시의 시선을 통한 복종과 감시는 김일성의 단단한 근대화를 상징하며, 시선과 감시를 통해 복종시키는 자/복종하는 자, 남성/여성을 이분화하며, 감시와 통제의 시선을 통한 시각성의 감옥과 감시의 메커니즘을 드러낸다. 이런 점에서 볼 때 주변 인물들의 시선은 꼭지점에 위치한 외눈이며 과거의 시선이다.

두 번째, 여주인공의 시선은 주변의 오인으로 인한 고통의 시선이다. 여주인공의 시선은 배려, 사랑, 욕망 등의 표현이며, 주로 시선의 주체이기보다는 대상으로서 자신의 욕망을 분명하게 드러내지는 않는다. 이 시선은 주변 인물들의 시선과 진실의 불일치로 인한 오인을 밝혀냄으로써, 시각의 전능성과 권위를 의심하게 만든다. 여주인공은 주변 인물들의 시선과 오해로 인해 고통을 당하게 되며 타인의 시선이 개인의 자유를 억압하는 시각성의 감옥으로 작용하여 일방적인 복종을 강요하지만, 감시의 시선에 대해 방관·은폐·위장 등의 방법으로 저항한다. 여주인공의 시선은 능동적 여성에 대한 주변의 처벌에 대해 분열된 시선으로 저항과 고통으로 보여줌으로써, 김일성의 단단한 근대화에 대한 북한 여성의 저항을 드러낸다. 이런 점에서 볼 때 여주인공의 시선은 착시와 환영의 눈이지만, 진실과 균열을 드러내며 현재의 시선이다.

세 번째, 우편국장의 시선은 생산성과 효용성의 규율적 시선이며 천재의 눈이다. 우편국장의 시선은 얼굴 없는 시선의 감시 메커니즘으로서, 시선과 진실의 완전성으로 주변 인물들과 여주인공 사이의 갈등을 봉합하여 헤게모니를 장악하고, 여성이 스스로를 단속하고 감시하는 자아가 되게 만드는 판옵티콘이다. 우편국장의 시선은 피라미드형의 규율 중심적 시선으로서, 여성의 일상생활을 통제하고 감시하여, 생산성과 효용성을 높여 여성을 생산하는 신체로 만들고자 한다. 우편국장의 미시적인 시선은 여성의 공적 영역뿐만 아니라 사적 영역의 시간과 공간까지 통제하며, 규율에서의 처벌과 보상을 통해 감시를 규격화한다. 우편국장의 시선은 생산성과 효용성을 강조하고 심층적이고 내면적 시선을 통해 감시의 내면화와 시각적 지배를 보여준다는 점에서, 김정일의 부드러운 근대화를 예고한다. 이런 점에서 볼 때 우편국장의 시선은 종합적이고 탈체현된 코기토의 눈이며, 인지를 지향하는 미래의 시선이다.

〈우리 처가집 문제〉, 〈우리 누이집 문제〉, 〈우리는 모두 한 가정〉, 〈우리 삼촌집 문제〉에서 등장인물들의 세 가지 시선은 차별적이다. 주변 인물들의 시선은 김일성의 단단한 근대화를 의미하며 과거의 억압적, 교조적, 당위성의 시선이고, 여주인공의 시선은 이러한 억압에 대한 현재의 고통과 저항의 시선이고, 우편국장의 시선은 두 시선의 충돌에 직면하여 김정일의 부드러운 근대화를 의미하며 미래의 규율적, 현실적 시선이다.

우편국장은 여주인공의 입장을 지지하고 수용하고자 한다. 주변 인물들은 사적/공적으로 감시하는 '억압의 시선'을 보여주지만, 우편국장은 작업환경의 사적/공적 개선을 위해 생산성을 높이고자 하는 '규율의 시선'을 보여준다. 주변 인물들은 다소 교조적이고 경직된 시선이지만, 우편국장은 새로운 신념과 가치관을 전파하고자 한다. 그 가치관이란 일하는 여성을 위한 가치관이면서 국가의 경쟁력과 생산력을 높이기 위해 가정에서 해야 할 일을 설파하는 것이다. 그래서 여주인공의 삶에 대해 주변 사람들과 우편국장이 각기 다른 가치관과 입장을 보여준다. 주변 사람들은 '당위성'의 논리로 여주인공에게 정신적/육체적 부담을 가중시키지만, 우편국장은 '현실성'의 논리로 여주인공의 부담을 덜어주도록 주변 사람들에게 충고한다.

그리고, 〈우리 처가집 문제〉, 〈우리 누이집 문제〉, 〈우리는 모두 한 가정〉, 〈우리 삼촌집 문제〉에서 등장인물들의 세 가지 시선은 각기 다른 의미를 지닌다. 주변 인물들의 시선과 우편국장의 시선은 같은 감시의 시선이지만 강조점이 달라진다. 주변 인물들의 시선은 권력의 응시로 무조건적인 복종과 감시를 통해 외면적인 순종을 강요하지만, 우편국장의 시선은 규율적 응시로 효율성과 내면적인 순종을 동시에 강조한다.

주변 인물들과 우편국장의 시선 차이는 여성을 둘러싼 남성 시선의 변화를 의미한다. 둘 다 여성을 대상으로 한 남성 주체의 시선 변화이다. 주변 인물들의 시선이 여성의 욕구와 충돌하여 문제를 발생시키자, 우편국장의 시선으로 전환된다. 그래서 여성의 욕구를 인정하고 발현시키자는 쪽으로 논의를 모으지만 결국 중요한 것은 여성이 여전히 시선의 대상에만 머물 뿐 주체로 나서는 것을 원하지 않는다. 그래서 결국 우편국장의 규율적 시선도 사실상 남근적 시선임이 드러난다.

또한, 〈우리 처가집 문제〉, 〈우리 누이집 문제〉, 〈우리는 모두 한 가정〉, 〈우리 삼촌집 문제〉에서 드러나는 등장인물의 세 가지 시선에 대해 살펴본 결과, 시선의 다층성은 보이지 않는 감옥에서 몸의 통제로의 이행을 통해서 북한 사회의 근대화 실천의 변천, 감시와 권력의 변화, 과거·현재·미래의 전개 등을 보여준다. 여주인공에 대한 시선의 다층성은 원인과 결과의 부조화로 인한 아이러니를 통해 인민의 욕망과 북한 사회의 균열을 드러낸다. 이렇듯 〈우리집 문제〉 시리즈에서 드러나는 시선의 차이들 즉 내면적/외면적 시선, 억압적/포용적 시선의 차이는 바로 남근적 시선의 양상과 감시의 변화를 나타낸다. 이러한 시선의 다층성은 바로 김일성 시기에서 김정일 시기로의 이행기에 나타나는 북한 사회의 변화와 균열을 드러낸다. 그리고 영화의 다층성과 균열이 바로 김정일이 비판함에도 불구하고 관객이 호응한 지점이 아닐까 한다.

# 제4장 **북한 여성의 욕망**

: 〈우리 웃집 문제〉, 〈우리 처가집 문제〉, 〈우리 누이집 문제〉에 드러나는
거짓말-방문-가출이라는 내러티브 반복과 여성의 자아정체성

제4장은 북한 영화에서 여성의 자아, 버릇없는 정체성, 일탈에 대한 표현을 다룬다. 필자는 고프만의 '연기하는 자아'라는 개념을 중심으로 〈우리 웃집 문제〉, 〈우리 처가집 문제〉, 〈우리 누이집 문제〉에 나타나는 여성의 갈등, 연기, 부재에 대해 고찰한다.

첫 번째, 세 영화의 서사는 갈등-거짓말-방문-노출-보복-불복-화해라는 기능의 공통점이 있다. 이 영화들은 가부장제에 의한 시어머니/며느리와 남편/아내의 사적 갈등, 고위 관리/직원과 남녀의 공적 갈등을 보여준다. 이러한 여성의 갈등은 북한 사회의 빈곤과 변화에 따른 혼란과 억압을 반영한다. 여주인공은 사적, 공적 갈등에서 자신의 욕망을 표출하는 것이 불가능하고 사회규범과 체제가 완고하기 때문에 연기를 한다. 여주인공의 연기하는 자아는 인간적인 자아와 사회화된 자아의 불일치로 인한 자신에 대한 은폐와 보호의 의미이다. 그래서 여주인공이 연기를 해야 하는 이유는 바로 가부장제, 고발문화, 이중노동으로 인해 감정노동이 크기 때문이다.

두 번째, 여주인공은 자신의 욕망을 표현할 수 없고 사회 시스템이 고집스럽기 때문에 저항에 나서게 된다. 이 행동은 가상의 사회적 정체성과 현실의 사회적 정체성의 차이를 통해 은폐하고 보호하는 것을 의미한다. 그리고 여주인공은 가부장제, 감시문화, 이중부담으로 인해 '감정 작업'의 양이 증가하자 저항하기 시작한다. 여주인공은 직장 상사나 시댁 어른의 사적 영역 침입

으로 인해 자신의 연기가 폭로된다. 그녀는 공적 영역/사적 영역, 전면영역/후면영역, 무대 위/ 무대 뒤의 경계가 무너지면서 조장된 인상이 탄로나서 오명을 얻고 당혹감을 느끼게 된다. 개인과 집단의 갈등에서 그녀는 자신에 대한 불신과 감시로 인해 사적 영역, 후면영역을 갈망하게 된다.

세 번째, 고위 공무원이나 남편의 존경받는 가족은 사적인 영역을 침해하기 때문에 그들의 행동이 드러난다. 공적/사적 영역, 앞뒤 영역, 무대 위/ 무대 뒤의 경계를 넘어서면 여성들은 낙인이 찍히고 당황하게 된다. 개인과 집단의 갈등 속에서 여성들은 자신에 대한 불신과 관찰 때문에 사적인 영역과 뒷모습을 얻고 싶어한다. 여주인공은 자신의 연기가 폭로되면 가출한다. 북한 영화에서 능동적이고 적극적인 여성은 욕망을 드러낸다는 점에서 부정적 인물로 형상화된다. 능동적인 여성은 가부장제와 집단주의로 인해 감정노동이 크고 오명을 갖게 되기 때문에 일탈하고자 하는 욕구를 느끼게 된다.

〈우리 웃집 문제〉, 〈우리 처가집 문제〉, 〈우리 누이집 문제〉에서 여성의 갈등, 연기, 부재를 고찰한 결과, 영화 속에서 북한 사회는 표면적으로는 여성의 활동을 지지하면서 이면적으로는 가부장제를 유지하고 있기 때문에, 여성들은 사적인 욕망과 대중의 요구라는 이중의 딜레마를 드러낸다.

| **핵심어** | 북한 영화, 〈우리 웃집 문제〉, 〈우리 처가집 문제〉, 〈우리 누이집 문제〉, 갈등, 거짓말/방문/가출, 연기/침입/일탈, 여성

## 1. 거짓말-방문-가출이라는 내러티브 반복과 여성의 자아정체성

　북한 영화에 대한 연구사에서, 북한학, 정치학, 행정학 분야는 북한 사회의 경직성에 따른 영화의 획일성에 대해서 많이 논의한다. 북한 영화 1세대 연구자들은 북한 영화가 북한 사회의 경직성을 그대로 반영하고 영화예술론의 창작원리에 따라 만들어짐으로써 대중의 욕구보다는 당의 요구와 정책이 지배적으로 드러난다고 대부분 주장한다. 장르적인 면에서 볼 때 영화는 제작자-작품-관객의 상호작용이다. 하지만, 1세대 연구자들은 북한 사회가 이러한 장르의 세 축의 상호작용보다는 제작자(=당, 수령, 지도자)의 일방적인 작품 제작 지시에 따른 획일적인 경향이 많이 나타나는 점을 강조한다. 하지만, 최근 영화학 연구는 이러한 경직성에도 불구하고 북한 영화에서 체제의 균열과 모순이 드러난다는 주장을 제기한다. 필자의 문제 제기는 북한 영화가 제한적이지만 장르의 상호작용이 적용되며, 체제의 모순과 대중의 욕구가 반영되고 있다는 것이다.

　특히 필자는 북한 영화의 특정한 내러티브 반복이 북한 여성의 자아정체성과 욕구의 표현이라는 점을 논의하고자 한다. 어빙 고프만은 인간의 사회적 상호작용에서 신체가 갖는 상징적 의미와 중요성을 지적하면서 신체를 통한 자아연출과 '연기하는 자아'[133)의 개념을 제시하고 있다. 영화에서 실제 행동은 여성의 목소리이자 대사로서 담론의 문제와 행동을 통한 몸의 정치학을 내포한다. 이따금씩 중간에 여성의 목소리가 내비치며 미시담론을 드러낸다. '여성적 재현하기'는 자기의 욕구를 표출하고자 하지만 우선 요구하는 바대로 맞추고자 한다는 점에서 욕구와 요구 사이에 간극이 생긴다. 그는 연극무대를 통해 전면영역과 후면영역, 사적 영역에 대한 침입, 자아에 대한 착각과 오인 등의 문제를 제기하고 있다. 그래서 필자는 고프만의 '자아 표현'을 중심으로 북한 영화에서 반복적으로 드러나는 내러티브의 의미를 읽어나가고자 한다.

북한 영화의 대부분은 "당성과 북한 지배 이념을 홍보하기 위한 도구로 김정일 교시에 의해 70% 이상이 제작되지만, 나머지는 (좀더 다른 내용으로) 자유롭게 제작"134)된다. 김정일은 "사람들에게 예술을 강요할 수는 없다. 사람들이 스스로 예술에 끌려들게 다녀야지 예술이 사람을 찾아다니게 되어서는 안 된다. 억지로 보는 작품에서 얻을 것이란 없는 것이다"135)라고 말힌다. 북힌 영화 속에서 〈우리집 문제〉 시리즈는 독특한 위치를 차지하고 있다. 이 영화는 김정일이 작품에 대해서 비판

---

133) 어빙 고프만, 김병수(역), 『자아 표현과 인상관리—연극적 사회분석론』, 경문사, 1987.

134) 변혜정, 「영화에서 재현되는 여자다움과 그 의미」, 이화여자대학교 한국여성연구원(편), 『통일과 여성: 북한 여성의 삶』, 이화여자대학교 출판부, 2001, 221쪽.

135) 김정일, 『조선영화』, 1989, 1월호, p.36./ (재인용) 이경화, 「남북한 전쟁영화 비교연구」, 한양대학교 대학원 석사학위논문, 1993, 7쪽.

했음에도 불구하고 관객이 호응함으로써, 이후 김정일이 작품에 관여하여 계속 시리즈물로 만들게 된다. 그래서 이 영화는 북한 영화 중에서 제작자-작품-관객이라는 장르의 세 축의 상호작용을 잘 드러내 보여줄 수 있다는 점에서 매우 흥미롭다. 또 이 영화는 다른 영화들보다 더 관객의 욕구가 발현될 수 있는 여지가 많은 작품이다. 탈북주민은 "〈우리 집 문제〉 등의 가정 문제에 대한 영화는 북한 주민들 자체가 아주 즐긴다"136)고 밝히고 있다.

그렇다면 김정일의 비판에도 불구하고 왜 북한 대중들은 〈우리집 문제〉 시리즈에 열광했는가? 이 영화는 친척집이나 이웃집의 가정 문제에 우편국장이 개입해서 문제를 해결한다는 기본적인 플롯 구조를 갖고 있다. 그래서 〈우리집 문제〉 시리즈는 한편으로 주제를 통한 의도적인 사상적 교양이 있지만, 다른 한편으로 북한 주민들의 갈등이 고스란히 재현되어 있다는 점에서, 여성의 자아정체성의 재현을 들여다볼 수 있는 좋은 텍스트이다. 〈우리집 문제〉 시리즈는 북한에서 대중성을 획득한 영화이자 여성의 자아 표현에 대해 집중적으로 논의하고 있는 영화이다. 필자는 특히 여성 문제에 집중함으로써 여성의 자아정체성의 재현에 대해 구체적으로 논의하고 있는 세 편의 영화 즉 〈우리 웃집 문제〉(1980), 〈우리 처가집 문제〉(1980), 〈우리 누이집 문제〉(1981)를 중심으로 살펴보고자 한다.

---

136) 변혜정, 앞의 논문, 221쪽.

내러티브의 반복은 작가/작품/관객의 상호작용을 살펴보고 특히 관객의 욕구를 읽어내는 데 중요한 의미가 있다. 그래서 필자는 〈우리 웃집 문제〉, 〈우리 처가집 문제〉, 〈우리 누이집 문제〉에서 등장인물의 기능들을 분석해본 결과 반복되는 내러티브인 '여주인공의 거짓말, 주변 인물들의 방문, 여주인공의 가출'을 중심으로 고찰하고자 한다. 논의의 구성은 양성적 이상, 가치의식의 이원화로 인한 분열된 주체와 '연기하는 여성'(=2절), 감정노동의 증가, 사적 영역에 대한 갈망과 '침입당하는 여성'(=3절), 가부장제의 마녀사냥, 집단주의의 억압과 '일탈하는 여성'(=4절)의 순서이다.

## 2. 거짓말: 양성적 이상, 분열된 주체와 '연기하는 여성'

[사진4-1] 〈우리 누이집 문제〉 며느리가 시어머니 점심을 사기 위해 거짓말을 한 사실을 상사에게 들키는 장면(우)

〈우리 웃집 문제〉, 〈우리 처가집 문제〉, 〈우리 누이집 문제〉에서 여성들은 갈등 상황에서 왜 거짓말을 하는가? 여성이 거짓말을 하는 상황을 작품별로 구체적으로 살펴보도록 하자. 〈우리 누이집 문제〉에서 우편국장의 누이인 시어머니는 아들이 진급 소식을 며느리에게 먼저 전해주자 섭섭해하고, 며느리가 자기 말에 말대답을 하자 화를 내며 "내가 나갈테니 너 혼자 실컷 쥐다 펴다 그래라"고 말하며 혼나보라며 짐을 싸서 나가면서 며느리가 사준 목도리와 양말을 놔두고 가버린다. 시어머니는 남동생인 우편국장 부부를 찾아가 '며느리에게 쫓겨났으며 며느리가 양말도 사주지 않는다'라고 거짓말을 한다. 반면에, 며느리는 시어머니의 점심을 챙겨주기 위해서, 상사에게 병원에 간다고 거짓말을 하고, 시누이와 시동생 결혼자금을 마련하기 위해 통장에 염소 판 돈을 저금함에도 불구하고 주변 사람들에게 말하지 않아 오해를 받는다.

[사진4-2] 〈우리 처가집 문제〉 복희가 남편과 시누이에게 질책당하는 장면(좌)과 문화지도원에게 거짓말을 하는 장면(우)

〈우리 처가집 문제〉에서 우편국장의 처갓집 며느리인 복희는 시어머니 생신날 늦게 일어나 생신상을 차리지 않아 남편과 시누이에게 질책당한다. 그래서 그녀는 오전에 조퇴하고 시어머니의 생신상을 차리려고 하는데, 문화지도원으로서 학생들이 수학여행에서 돌아오는 날 조퇴를 해야 한다고 말하는 것이 난처해진다. 이에 그녀는 소장에게 '작은 시누이가 좀 그렇다. 시어머니가 좀 댄다(=고자질한다). 집이 시끄러워서 힘들다'라며 거짓말로 하소연하여 조퇴한다. 그러자 소장은 그녀의 처지를 딱하게 여겨 여러 가지 물건을 챙겨준다. 그런데 며느리는 시어머니에게 '구두쇠 소장 때문에 힘들게 조퇴했다'라고 거짓말을 한다. 또 그녀는 친정에 볼일이 있자 소장에게 병원 간다고 거짓말을 한다. 또한 그녀는 큰시누이인 우편국장 부부를 만나는 자리에서도 시어머니 때문에 힘들다고 거짓말을 하자, 그들은 '나무랄 데 없는 며느리'라고 칭찬한다. 그리고 그녀는 바닷가에 생선을 말리면서 동네 여자들에게 '시어머니의 생신상을 크게 자렸다'라고 거짓말을 하자, 그들은 복희처럼 잘하는 며느리 때문에 자신들이 힘들다고 말한다. 또 그녀는 남편이 포상금으로 받아온 옷감을 시어머니에게 주지 않기 위해서 몰래 옷장 속에 감춰놓는다. 그리고 그녀는 시어머니와 분가하기 위해서 '큰 누이가 시어머니를 모시겠다고 하니 우리가 고생하는 셈치고 어머니를 보내자. 큰 누이가 살림살이 때문에 힘들어서 그런 것 같다'라며 남편에게 거짓말을 한다.

[사진4-3] 〈우리 웃집 문제〉 수옥이 설계기사 승준에게 약속하는 장면(좌)과
무역대표부 명수에게 약속하는 장면(우)

〈우리 웃집 문제〉에서 우편국 설계기사인 승준이 애인 수옥에게 '나중에 어려운 길을 가게 되면 어떻게 할 거냐?'고 질문하자, 우편국장의 윗집에 사는 수옥은 '어려운 길을 걷게 된다면 어디나 함께 하겠어요. 항상 아스팔트길만 있나요. 한 사람을 열렬히 사랑하지 않으면 조국도 열렬히 사랑하지 못해요. 제 마음이 돌아설 것 같아요?'라며 굳게 약속한다. 하지만 그녀는 그가 산간지대로 자원하자 그를 차버림으로써 그 약속이 거짓임이 밝혀진다. 나중에 그녀는 무역대표부에 근무하는 남자인 명수가 '앞으로 힘든 일이 생기면 어떻게 할 거냐?'고 질문하자, 그녀는 '제 마음이 변할 것 같나요? 아스팔트길만 있나요?'라며 똑같은 말로 거짓으로 사랑을 맹세하지만, 그가 외국에 가지 못하게 되자 그를 싫어하게 된다.

이렇듯 〈우리 웃집 문제〉, 〈우리 처가집 문제〉, 〈우리 누이집 문제〉에서 여성들은 자신의 이익, 이상적인 이미지, 편안한 생활 등을 위해 거짓말을 한다. 그러면 거짓말을 하는 여성들의 공통적인 갈등과 문제는 무엇인가? 〈우리 누이집 문제〉에서 시어머니는 아들이 포상금을 며느리에게 준 것, 선물로 들어온 옷을 며느리가 아니라 딸들에게 나눠준 것, 며느리가 염소 판 돈을 통장에 넣은 것 등 경제적인 문제로 며느리를 오해한다. 그래서 가출한 시어머니가 며느리에게 요구하는 것이 바로 '살림 쥐고 펴는 것, 말대답하는 것, 빤히 쳐다보는 것'의 금지이다. 또 원예기술원인 며느리는 직장생활을 하면서 시어머니와 시누이의 빨래를 삶아야 하고, 삐쳐서 식사하지 않으려는 시어머니의 점심을 차리기 위해서 직장을 빠져나와야 하고, 시댁 식구들이 모인 자리에서는 혼자 부엌에 가서 음식을 다 장만하는 등 육체적으로 힘이 들지만, 시어머니, 시누이, 남편은 전혀 가사일을 돕지 않는다.

〈우리 처가집 문제〉에서 문화지도원인 복희는 시어머니가 가사일을 도와줘서 육체적으로는 편하지만, 계속 주변 사람들의 비판을 받아서 정신적으로 힘들다. 그래서 그녀는 '일찍 일어나서 밥하지 말 것, 남편에게 이르지 말 것'을 시어머니에게 요구한다. 또 그녀는 옷감 배분 등 경제적인 문제로 갈등을 겪는다. 그래서 그녀는 남편과 아이와 세 명이 단란하게 살던 과거를 회상하며 현재를 괴로워한다. 과거는 그녀의 욕망이고, 현재는 그녀의 현실이고, 미래는 그녀에 대한 요구이다. 그래서 아는 후배가 선을 본다고 하자, 그녀는 '장남인가 아닌가가 제일 중요하다'라고 강조하며, 그 다음에 '잘생긴 사람, 나를 손아귀에서 풀어줄 사람, 직업' 순서라고 말한다. 그러면서 '시댁 식구 딸린 것 없는 집으로 시집가야 한다'라며 자신은 '시어머니가 오고 나서는 사는 재미가 없어졌다'라고 말한다. 그래서 그 후배는 선본 남자가 마음에 들지만 아우들이 다섯 명이 있는 장남이라는 말에 결혼을 망설이게 된다.

[사진4-4] 〈우리 웃집 문제〉 수옥이 남편 명수의 해외 파견 취소로 실망하는 장면

〈우리 웃집 문제〉에서 수옥은 무역대표부에서 일하고 있고 외국으로 4년간 가는 명수라는 남자를 소개받는다. 그녀는 '비행기를 타고 이 나라 저 나라에서 살아보는 것도 괜찮다'라는 아버지의 말을 듣고 비행기를 타고 외국에 가서 빌딩을 바라보는 자기 모습을 상상하고는 결혼한다. 모스크바에서의 해외 생활이 시작된다는 생각에 들떠 있는데 남편 회사의 과장이 급하게 와서는 파견이 취소되었다고 통보한다. 이에 남편은 물이 맞지 않아서 고생할 것이라며 차라리 잘 됐다고 말한다. 식당 사무실에서는 이 사실을 모른 채 그녀의 엄마가 비행기를 쳐다보며 "수옥아, 잘 가라"고 말하고 그녀는 바로 뒤에서 못 가게 됐다며 속상해한다. 이후 그녀는 남편의 모스크바 파견이 취소되자 비행기만 쳐다보며 괴

로워하고, 남편은 그녀에게 "여권 보고 결혼했나?"라며 화를 낸다. 또 그녀는 시아버지를 남편으로 착각하고 함부로 대해서 시댁 식구들로부터 비판받는다. 또한 그녀는 비행기만 쳐다보다가 밥을 태워 아침을 차리지 못하게 된다. 그러자 시아버지가 "밥을 굶고 출근하기는 8·15 해방 이후 처음이다"라며 화를 낸다.

이렇듯 〈우리 웃집 문제〉, 〈우리 처가집 문제〉, 〈우리 누이집 문제〉에서 여성들의 거짓말은 시부모 부양으로 인한 경제권과 순종 문제, 외국 거주 문제, 가사노동 문제를 제기한다. 그렇다면 이러한 문제들을 어떤 맥락에서 읽어내야 하는가? 첫째, 시어머니 부양으로 제기되는 경제권 문제와 순종 문제는 북한 사회의 식량난과 주택난 등 경제적인 어려움과 가부장적인 현실을 반영한다. 1980년대 후반부터 시작된 식량난으로 인하여 경제권의 소유 여부는 가정 내에서 중요한 문제가 된다. 아들이 결혼하면 경제권이 부인에게 속해서 "남자는 결혼하면 맘대로 자기 십을 노와줄 수가 없"137)나는 점에서 문제가 발생한다. 또 주택 배급이 힘들기 때문에 시부모를 부양하면 좁은 공간과 식량 문제가 발생한다. 북한은 '보통 방 한 칸에서 살거나 큰 방 하나를 미닫이로 막아 아랫방과 윗방 2칸으로 나누어 사는 것이 일반적'138)이기 때문에 생활공간이

---

137) 배용선, 「순응하면서 사는 삶」, 여성한국사회연구소(편), 『북한 여성들의 삶과 꿈』, 사회문화연구소, 2001/2002.

138) 홍영란, 「마누라보다 귀한 자전거」, 여성한국사회연구소(편), 앞의 논문, 117-118쪽.

좁다. 보통 장남이면 부모를 모셔야 하는 게 기본이기 때문에, 많은 식구가그 좁은 공간에서 같이 살면서 갈등을 겪는다. 또 "세대주(=남편)가 결심했으면 그대로 따라야지. 세대주가 하는 말에 무슨 (대)답질이오?"139)라며 남편에 대한 순종을 강요한다. 고부갈등이 생길 때마다 남편은 아내에게 화내고 혼내는 모습은 북한 사회의 가부장적인 현실을 반영한다. 그래서 "가족을 부양해 오다 남편의 학대에 못 견디어 탈북한 사례들이 많다는 사실은, 식량난의 악화로 인해 적지 않은 가정에서는 오히려 가부장 문화가 더욱 심화되었음을 시사"140)한다.

둘째, 외국 거주 문제는 북한 사회의 거주지 제한, 산간 오지로의 추방, 외국 여행 금지 등 폐쇄적인 현실을 반영한다. 북한은 여행이 자유롭지 못하고, 여행을 다니려면 여행증이 필요하다. 여행증에는 두 가지 종류가 있다. "빨간 딱지는 국경지대가 아닌 곳", 특히 평양을 출입할 수 있는 허가증이고, "파란 딱지는 국경지대"를 갈 수 있는 허가증이다. "보위부에 신청하면 꼭대기에서 출신성분도 좋고 모든 면에서 우월하니 와도 되겠다 하면 빨간 딱지를 딱 붙여주는"141) 것이다. 여행 딱지를 평생 한 번도 못 받은 사람도 많다. 그래서 평양이나 외국에 사는 것이 보통 사람들에게는 평생의 꿈이 된다. 왜냐하면 북한 사회는 처벌받으면

---

139) 김귀옥·장하진·황은주·김선임·이경하, 「좌담: 현대 북한 영화 속의 여성들, 그 삶과 꿈」, 김귀옥(외), 『북한 여성들은 어떻게 살고 있을까』, 당대, 2000, 249쪽.

140) 임순희, 『북한 여성의 삶: 지속과 변화』, 해남, 2006, 40쪽.

141) 여성한국사회연구소(편저), 앞의 논문, 51쪽.

받을수록 외지로 쫓겨 가야 하기 때문이다. 평양에 사는 것은 좋은 출신 성분과 밝은 장래를 말해주는 것이며, 더구나 외국에 가는 것은 소수의 특권일 정도로 힘들기 때문이다. 이러한 집에 대한 통제/욕구의 갈등은 여행에 대한 속박/자유의 갈등이라는 문제로 확산된다.

셋째, 가사노동 문제는 북한 사회에서의 여성의 직장/가사의 이중부담과 남녀의 성역할의 차별이라는 가부장적 현실을 반영한다. 북한은 남녀의 역할 구분이 명확하다. 그래서 여성은 가사 분담 문제에 대해서 시어머니에게 건의하지만, 남편에게 전혀 말도 하지 않는다. 북한 여성은 "가정에서도 남녀의 역할이 구분돼요. 직장생활을 똑같이 해도 가사 일은 철저하게 여자의 일이에요. 남편이 설거지를 한다든가 아내를 위해서 밥을 차리는 일은 거의 없어요. 결혼식이나 장례식에서 여러 사람이 모여 놀아도 남자들은 방에서 술 먹고 놀고 여자들은 부엌에서 음식 시중, 술 시중을 들어요"142)라고 말한다. 직장에서도 여자들은 뼈 빠지게 일하지만, 남자들은 작업반상과 분조장 등 책임자를 맡아서 거의 일을 하지 않는다. 가정에서도 "남성들이 '해방'을 만끽하는 시간이 여성들에게는 노동의 시간임"143)을 시사한다. 고부갈등의 주원인 가운데 하나는 바로 여주인공의 사회생활로 인한 가사 활동 소홀이다. 『조선녀성』에서는 "직장문제를 두고 시어머니와 며느리가 갈등하는 사례를 쉽

---

142) 강금식, 「자부심 하나로」, 여성한국사회연구소(편저), 앞의 논문, 91쪽.

143) 크리스 쉴링, 임인숙(역), 『몸의 사회학』, 나남, 1999/2003, 246쪽.

게 찾아볼 수 있"144)으며, "사회가 건전하려면 사회의 세포를 이루는 가정이 건전해야 하고 가정이 건전하려면 한 가정의 주부인 며느리가 제 구실을 옳게 해야 한다"145)고 강조한다.

이렇듯 여성의 거짓말은 영화 속에서 시부모 부양으로 인한 경제권과 순종 문제, 외국 거주 문제, 가사노동 소홀 문제 등에서 비롯된다. 이러한 문제들은 북한 사회의 식량난, 주택난이라는 경제적 어려움, 거주지 제한, 외국 여행 금지라는 폐쇄성, 이중부담과 성차별이라는 가부장제 등의 현실을 드러낸다.

〈우리 웃집 문제〉, 〈우리 처가집 문제〉, 〈우리 누이집 문제〉에서 세 며느리는 이러한 갈등과 문제에 대해서 어떤 행동양식을 보이는가? 며느리들의 행동양식과 욕망은 의복으로 표현된다. 의복은 "신체의 연장이고 신체 이미지의 표현이므로, 의복의 역사야말로 육체에 대한 생각을 반영하는 좋은 지표"146)이다. 〈우리 누이집 문제〉에서 며느리는 수수한 옷차림, 앞치마, 머리수건을 하고 있어 자신의 욕구를 억제하고 시댁에 순종적인 태도를 드러낸다. 〈우리 처가집 문제〉에서 며느리인 복희는 화려한 꽃무늬 원피스와 넓은 창이 달린 모자를 즐겨 씀으로써 자신의 욕구를 당당하게 드러낸다. 하지만, 여주인공의 화려한 꽃무늬 원

---

144) 『조선녀성』, 1986년 3월./ (재인용) 황은주, 「『조선녀성』과 북한의 슈퍼우먼」, 김귀옥(외), 앞의 논문, 128쪽.

145) 『조선녀성』, 1986년 3월./ (재인용) 황은주, 앞의 논문, 140쪽.

146) 스티브 컨, 이성동(역), 『육체의 문화사』, 의암, 1996, 24쪽.

피스는 그녀가 문제가 결함을 가지고 있음을 강조한다.

[사진4-5] 〈우리 웃집 문제〉 수옥이 스카프로 감정을 나타내는 장면

　〈우리 웃집 문제〉에서 수옥의 스카프는 욕망의 은폐와 좌절을 효과적으로 잘 드러낸다. 전반부에, 애인 승준이 산간지대 기계설비를 완성하기 위해서 자신의 어머니가 사는 산간 오지로 간다고 말을 듣고, 이때 수옥의 침울함은 물 위로 떨어지는 스카프로 표현된다. 중반부에, 결혼한 수옥은 흰 모자를 쓰고 진한 화장을 하고 화려한 스카프를 맨 차림으로 공항으로 감으로써, 욕구와 기대감을 표현한다. 후반부에, 수옥은 시댁 식구들에게 질책당하고 과업을 성공적으로 달성한 승준과 은주로부

터 외면당하자, 스카프를 앞니로 깨물면서 좌절된 욕망을 표현한다.

이렇듯 세 며느리는 가부장제 문제에 대해서 각각 다른 행동양식을 보여준다. 〈우리 누이집 문제〉에서 며느리는 일방적인 희생과 봉사를 보여주고, 〈우리 처가집 문제〉에서 며느리는 게으름과 저항을 보여주고, 〈우리 웃집 문제〉에서 며느리는 게으름과 무기력함을 보여준다. 그래서 희생과 봉사를 보여주는 며느리는 인정받고, 게으르고 저항하고 무기력한 여성은 처벌받는다.

그러면 여성의 이러한 거짓말은 무엇을 의미하는가? 고프만에 의하면, '자아의 생성 과정, 충돌, 분리, 배합 등을 거쳐 자기에게 맞는 것 하나를 골라잡으며, 이렇게 골라잡은 자아가 자신의 실재적인 자아와 너무 차이가 날 때 문제가 발생하며, 이때 가면을 쓰게 되고 사회에서 용납하지 않는 자신의 본능과 쾌락을 감춘다.'147) 그래서 '인간적인 자아와 사회화된 자아의 중대한 불일치 혹은 조장된 인상과 실재 자아의 불일치'148)는 허위 표현으로 이어진다. 이인성에 의하면, '가면은 은폐의 기능이 있으며, 얼굴이 가면으로 씌워진다는 것은 일종의 속임수임과 동시에 그 가면이 표현하는 존재와 동일화되고자 하는 것'149)이다. 그래서 가면이 요구된다는 것은 공동체의 규율에 복종하는 개인의 억압과

---

147) 어빙 고프만, 앞의 책, 34쪽.

148) 어빙 고프만, 앞의 책, 35쪽.

149) 이인성, 『축제를 향한 희극—몰리에르에 관한 한 연구』, 문학과 지성사, 1992, 44쪽.

고뇌에서 비롯된다. 베르그송에 의하면, '가장은 원래 그대로의 이미지에서 가장에서 나오는 이미지 즉 파생된 이미지를 만든 것이며 속임수를 가한 것'150)이다. 또 로버트 파크에 의하면, 가면은 "우리가 되고 싶어하는 자아"151)인 것이다. 이렇듯 거짓말을 통한 여성의 연기하는 자아와 가면 쓰기는 실제적인 자아와 이상적인 자아 사이의 불일치, 본능과 욕망의 은폐, 속임수 등의 의미가 있다.

그렇다면 〈우리 웃집 문제〉, 〈우리 처가집 문제〉, 〈우리 누이집 문제〉에서 여주인공이 거짓말을 하는 컨텍스트적인 맥락은 무엇인가? 첫째, 과도한 노동 부담과 성차별적 노동으로 인한 이중부담이다. 즉 "경제난의 과정에서 가사노동 및 자녀 양육의 사회화 시책이 축소되고 가정에서 가사 및 양육 분담이 이루어지지 않음으로써 북한 여성들은 과도한 노동 부담에 시달리고 있"152)다. 이렇듯 "공적인 영역에서의 여성 참여와 마찬가지로 사적 영역에서의 가사 노동, 육아, 부모 모시기는 여전히 여성의 선유물로서 영화에 곧잘 등장"153)한다. 여성에 대한 이중직 요구는 사적으로 남을 배려하는 전통적인 여성다움이라는 '여성성'과, 공적으로 용기와 통제력을 지닌 인물로 '남성성'이라는 역할을 수행하기

---

150) 앙리 베르그송, 정연복(역), 『웃음―희극성의 의미에 관한 시론』, 세계사, 1998, 42쪽.

151) 어빙 고프만, 앞의 책, 3쪽.

152) 임순희, 앞의 논문, 90쪽.

153) 변혜정, 앞의 논문, 235쪽.

를 요구받는 것이다. 그래서 여성의 무게 중심이 사적 영역에서 공적 영역으로 옮겨지면 바로 '우리집 문제'가 발생한다. 여성성과 남성성이라는 이중적 요구는 '양성적' 이상으로서 필요에 따라 존재한다. 새로운 자아의 가능성으로 탐색된 '양성적' 이상은 "궁극적으로 내면적 모순을 드러내며, 자아는 분열된 주체의 전쟁터"154)가 되게 만든다. 그래서 여성은 양성적 이상과 분열된 주체로 재현되는 자기 모습을 가면 쓰기로 은폐한다.

둘째, 가치 의식의 이원화이다. 〈우리 누이집 문제〉에서 우편국장은 누이에게 '봉건사상을 없애야 한다. 집안일, 바깥일 다 해야 하다 보면 집안일 소홀히 할 수도 있는데 이해해야 한다. 친딸처럼 도와줘. 일을 잘하게. 가정은 사회의 세포이다'라고 충한다. 이러한 우편국장의 말은 북한의 공식적인 담론을 대변한다. 문제는 바로 "북한 사회가 '남녀 평등'이 실현된 사회라는 것을 공식적으로 천명하고 있다는 사실이, 가부장제 가족 내에서 살면서 겪는 억압과 불평등에 대한 문제 제기를 원천적으로 불가능하게 만들 수 있다"155)는 점이다. 그래서 "사회주의 체제에서 인민들은 사적인 선호와 공적인 선호라는 이중적인 의식을 가지고 있어서, 공식적인 공간에서는 국가에서 요구하는 방식대로 행동하지만,

---

154) 수잔 보르도, 「몸과 여성성의 재생산」, 케티 콘보이 & 나디아 메디나 & 사라 스탠베리(편), 조애리(외)(공역), 『여성의 몸, 어떻게 읽을 것인가?: 성의 상품화 그리고 저항의 가능성』, 한울, 2001/2003, 127쪽.

155) 이화여자대학교 한국여성연구원(편), 앞의 논문, 8쪽.

사적인 영역에서는 개인의 이익에 부합되는 또 다른 가치관과 행위 양식"156)을 나타낸다. 이에 여성은 '연기하는 자아'를 통해 한편으로는 체제에 부응하는 척하면서, 다른 한편으로는 자신의 욕구를 충족시키고자 하는 것이다. 이렇듯 북한 여성은 양성적 이상에 따른 이중적 요구에 의한 분열된 주체를 은폐하고, 공식적 평등과 비공식적 차별이라는 현실에서 가치의식의 이원화를 통해 자신의 욕구를 충족시키기 위해서 '거짓말'을 하는 '연기하는 자아'가 되는 것이다.


## 3. 방문: 감정노동 증가, 사적 영역 갈망과 '침입당하는 여성'

〈우리 웃집 문제〉, 〈우리 처가집 문제〉, 〈우리 누이집 문제〉에서 여성의 거짓말과 주변 인물들의 방문은 어떻게 연결되는가? 주변 인물들이 여성의 '집'을 방문하는 상황을 작품별로 구체적으로 살펴보도록 하자.

〈우리 누이집 문제〉에서 며느리가 자신을 쫓아냈으며 양말도 사주지 않는다 등 며느리를 욕하던 시어머니의 거짓말은 우편국장의 방문으로 드러난다. 또 병원에 간다고 상사에게 거짓말을 한 며느리는 갈비국을 사려고 줄을 서다가 상사에게 들킨다. 그리고 며느리는 아파서 갑자기 집

---

156) 박혜란, 「생활 문화와 삶의 질」, 이화여자대학교 한국여성연구원(편), 앞의 논문, 109-110쪽.

에 오는 바람에, 시어머니가 며느리를 험담하는 말, 즉 '친정에 돈을 빼돌린다. 친정 동생 영남에게 뭐라도 보내줄 것이다. 문제의 원형은 며느리이다'라는 말을 듣게 된다. 하지만, 우편국장의 방문으로 며느리의 진심이 밝혀진다.

〈우리 처가집 문제〉에서 복희는 시어머니가 시집살이를 고되게 시킨다며 소장에게 하소연한다. 그래서 소장이 그녀의 집에 직접 방문해서는 시어머니에게 며느리에게 잘해주라며 훈계한다. 이때 방 안에 시어머니와 상사가 함께 있는 줄 모르고 여주인공은 시어머니에게 '구두쇠 소장 동지에게 겨우 허락받았다'라며 상사의 험담을 한다. 그래서 자신이 위장한 '이상적인 며느리' 이미지가 무너진다. 이후 소장은 그녀에게 '홧김에 생신상 차리는 것, 아침에 시어머니가 밥 차리는 것, 거짓말하고 조퇴한 것' 등에 대해서 고치라고 훈계한다. 또 우편국장 부부에게 하소연한 그녀의 거짓말은 그들의 방문으로 폭로된다. 그리고 남편에게 '큰시누이가 시어머니와 살고 싶어한다'라며 시어머니를 보내자는 그녀의 거짓말도 작은 시누이가 갑자기 집에 방문하여 엿들음으로써 폭로된다. 반면에, 가출한 며느리가 갑자기 집에 돌아옴으로써 시어머니의 말을 엿듣게 되어 시어머니가 자신을 아끼고 위하는 진심을 알게 된다.

〈우리 웃집 문제〉에서 승준에게 사랑의 맹세를 한 수옥의 거짓말은 승준이 갑자기 방문하여 수옥이 결혼하는 장면을 목격함으로써 밝혀진다. 또 수옥은 남편에게 짜증을 내며 결혼생활에 대한 불만을 말하고, 갑자기 집을 방문한 시아버지가 그 말을 엿듣게 됨으로써 자기 내면이 드러나게 된다.

[사진4-6] 〈우리 웃집 문제〉 승준이 수옥과 명수의 결혼을 목격하여 수옥의 거짓말이 밝혀지는 장면

　이러한 방문으로 〈우리 누이집 문제〉에서는 시어머니의 거짓말과 며느리의 진실이 드러나고, 〈우리 처가집 문제〉에서는 시어머니의 진실과 며느리의 거짓말이 드러나고, 〈우리 웃집 문제〉에서는 며느리의 거짓말이 드러난다. 이렇듯 주로 '방문'으로 인해서 등장인물의 거짓말이 폭로되거나 진실이 밝혀진다.

　그러면 주변 인물들의 이러한 방문의 의미는 무엇인가? 직장 상사는 주로 공적 영역의 생산성을 높이기 위해 집을 방문하고, 가정 문제가 잘 해결되어야 사회나 국가가 잘 된다는 것을 계속 강조한다. 시댁 식구는 주로 친목 도모나 가정 문제 해결을 위해 방문한다. 우편국장은 "가정은 사회의 세포"이기 때문에 "문제를 빠개자!"라며 어느 집 문제이든 끼어들고 간섭한다. 〈우리집 문제〉 시리즈 8편 모두에서 우편국장이 집을 '방문'하는 장면, 즉 사적 영역을 침범하는 장면이 있다. 주변 인물들이

여주인공의 '집'을 '방문'하는 것은 바로 공적 영역과 사적 영역의 구분
에서 제3자가 '집'이라는 여성의 사적 영역을 침범하는 것이다.

　여주인공은 사적 공간을 욕망한다. 〈우리 누이집 문제〉의 여주인공은
자신의 친정 남동생이 와도 먹일 반찬이 없고 마술에 데려갈 수도 없는
시댁 분위기에 대해 불만을 토로한다. 〈우리 처가집 문제〉의 여주인공
은 시어머니가 오시기 전 남편과 둘만의 단란한 시간을 계속 그리워한
다. 〈우리 웃집 문제〉의 여주인공은 둘만의 공간이 아니라 시댁 식구 전
체와 사는 생활을 버거워한다. 대부분 여주인공들은 시댁 식구들과 살
고 있어서 자신의 사적 생활이 없다. 게다가 주변 인물들이 여주인공의
사적 영역을 침범함으로써, 이러한 사적 영역은 공적 영역의 연장이 되
어 점점 소멸한다. 이렇듯 주변 인물들이 여주인공의 '집'을 방문하는
것은 그녀의 사적 공간을 침범함으로써 사회화된 자아와 인간적인 불일
치, 전면영역과 후면영역의 불일치로 인한 그녀의 거짓말 즉 가면 쓰기
를 폭로하는 결과로 이어진다.

　어빙 고프만에 의하면, '전면영역(front region)은 공연이 이루어지
는 장소로서 조장된 인상을 해칠지도 모르는 다른 면은 은폐하고, 후면
영역은 은폐된 사실이 모습을 드러내는 곳으로서 공연자가 관객의 어느
누구도 침범하지 않을 것이라고 확고히 기대할 수 있는 장소이다.'[157]
후면영역은 전형적으로 관객의 범위를 벗어나기 때문에 사회적 교제의

---

157) 어빙 고프만, 앞의 책, 88-92쪽.

정도를 결정해 주는 상호친숙성이 기대되는 곳이다. 공연자들이 무대 후면에 있는 동안은 "비교적 비공식적이고 친숙하여 긴장을 푼 상태에서 행동하면서 공연을 할 때는 경계를 한다고 말하는 데에서 삶의 즐거운 인간 상호 간의 일들—가령 예절, 따뜻함, 자비로움, 다른 사람과의 모임에서 오는 즐거움 등—은 항상 무대 후면으로 보류"158)된다. 이렇듯 자아정체성과 사회적 정체성 사이에는 차이가 존재한다. '무대 위'의 시간은 '정신의 관료제화'로 긴장되고 일관된 연기를 수행해야 하는 사회적 복장이라면, '무대 뒤'의 시간은 긴장을 풀고 육체적인 해방을 누리는 것이다.

세 편의 영화에서 이런 전면영역과 후면영역 사이의 구분이 무너지면서 사건이 발생한다. '개인적 전면'(personal front)은 "우리가 공연자를 보는 순간 그 사람과 동일화시켜서, 그가 어디를 가거나 따라다닐 것으로 자연스럽게 기대되는 요소"159)를 말한다. 영화에서 '개인적 전면'이 깨지는 시간이 바로 '사건'이자 '문제'가 된다. 바로 며느리들이 디인을 자기의 시어머니나 남편이라고 착각하고 자기 속마음을 이야기하는 장면에서 가면 쓰기가 드러난다. 일관성을 기대하는 데 가면 쓰기는 이런 기대를 배신한다. 사람들은 종종 그들이 현재 공연하고 있는 과정이 그들이 갖는 유일한 것이며, 적어도 가장 본질적인 것이라는 인상을 조

---

158) 어빙 고프만, 위의 책, 109쪽.

159) 어빙 고프만, 위의 책, 7쪽.

장시킨다. 이런 조장된 인상은 꼭 탄로가 나고, 자신은 알지 못하고 상대편이 알게 됨으로써 조롱당한다.

그리고 주변 인물들의 방문으로 주로 여성의 암흑적 비밀이 탄로가 난다. 암흑적 비밀은 "팀이 알면서도 숨기는, 팀에 관한 사실들로 구성되어 있으면서, 그것은 팀이 관객 앞에서 견지하려는 자아상과 부합하지 않는 것"160)이다. 암흑적 비밀은 세 편의 영화에서 공통으로 부부 사이의 비밀이고, 〈우리 처가집 문제〉에서 시어머니와 며느리 사이의 비밀이다. 세 편의 영화에서 여성(=며느리)이 남편과 자신들만의 이야기를 할 때, 남편이 아닌 제3자가 그 자리에서 듣게 된다. 여성은 남편을 팀으로 생각하지만, 그것은 항상 상황이나 제3자에 의해 어긋난다. 이런 사실들은 잘 지켜진 암흑적 비밀, 혹은 모든 사람이 알 수 있지만 누구도 언급하지 않는 부정적 가치를 지닌 특징들을 포함한다. 여성은 그런 사실들이 알려졌을 때 당황하게 되고, 실책, 실언, 실수 등으로 곤경에 빠지게 된다. 부적당한 시기의 침입 및 실책은 당황과 부조화의 근원이 된다. 이렇듯 세 편의 영화는 '부적당한 시기의 침입'에 관한 영화이며, 이런 침입으로 여성에 대한 '불신'이 이루어진다.

어떤 사람 몸의 외양과 운용을 타인들이 '결함 있는 사회성원'으로 범주화한다면, 그 사람은 '그 낙인을 내면화하여 이른바 손상된 자아정체성 속으로 통합시키는 오명이 발생한다. 또한 자신의 성격으로 일관성

---

160) 어빙 고프만, 위의 책, 119-120쪽.

있게 드러내지 못할 때 또는 상호작용의 원만한 흐름을 유지하지 못할 때 당혹감이 발생한다.'161) 당혹감은 일관성과 상호작용이 없고 몸이 실패한 상호작용에 중심을 두고 있으며 가상적인 사회적 정체성과 실제적인 사회적 정체성 사이에 격차를 보이는 것이다. 가상적 사회 정체성은 정상인으로 보이고 싶다는 보편적 욕망을 지칭한다. 이처럼 직장 상사나 시댁 식구의 여주인공의 '집'을 '방문'하는 것은 여주인공의 거짓말과 진실을 드러내어 암흑적 비밀을 폭로하고, 개인적 전면을 깨어짐으로써 여주인공이 오명, 당혹감, 불신을 얻게 되면서 '우리집 문제'가 발생한다.

그렇다면 주변 인물들이 여주인공의 집을 방문하는 사건의 컨텍스트적인 맥락은 무엇인가? 첫째, 여주인공은 정신의 관료제화로 무대 뒤'의 공간 혹은 '후면영역'마저도 뺏겨, 쉴 수 있는 공간인 안전한 장소가 없어진다. 고프만에 의하면, '사회생활의 광범위한 영역에서 신체의 운용이 중요시됨으로써 '성신의 관료세화'를 초래하면서 일관된 연기를 수행해야 하는 '무대 위'의 시간이 늘어나면서 '무대 뒤'의 시간이 필요하게 된다.'162) 무대 위에서 정신적, 육체적으로 노동을 하고 긴장을 해야 하기 때문에, 무대 뒤에서 휴식을 취하고 긴장을 풀어야 한다. 그런데 세 편의 영화에서 여주인공이 가정을 '무대 뒤'의 공간이라고 생각하고

---

161) 크리스 쉴링, 앞의 책, 129쪽.
162) 크리스 쉴링, 위의 책, 128쪽.

휴식을 취하면 어김없이 식구에게 비판받고, 제3자가 '무대 뒤'의 공간으로 침입해서 '무대 위'의 공간으로 만들어 버린다. 무대 위와 무대 뒤의 전면영역과 후면영역의 경계가 무너지면서 개인의 사생활과 즐거움이 침해당한다. 가정이 남편에게는 휴식의 공간이지만 아내에게는 노동의 공간이다. 그래서 여성의 경우에는 직장이나 가정이 모두 '무대 위'의 공간이 되어 버린다. 이런 사적 영역에의 침입으로 자기 집에서 사생활이 보호될 것이라는 기대가 항상 무너진다.

둘째, 시댁 식구나 상사의 방문은 바로 여성의 후면영역을 침입하며 동시에 후면영역을 전면영역으로 만들어 여성의 감정노동 강도를 더욱 높인다. 호쉬차일드에 의하면, '감정노동에서 표면 연기는 가장이나 위장으로서, 안 느끼면서 느끼는 척 혹은 느끼면서 안 느끼는 척하는 것이고, 감정노동은 자신의 욕구를 부정하고 다른 사람의 욕구에 부흥하는 것이다.'163) 세 편의 영화에서 전면영역에 있어야 할 사람들, 즉 이웃들, 상사들, 시댁 식구들, 친지들이 후면영역에 침입한다. 당하는 사람은 대부분 높은 행위 기준을 요구받는 여성이고, 후면영역에서 긴장을 풀고 마음속의 말을 내뱉을 때 들킨다. 이런 침입으로 상호친숙성이 파괴된다. 이러한 무대 뒤의 공간이 침입당함으로써 여성은 긴장 완화의 장소가 없어지면서 '즐거운 인간 상호 간의 일들'이 침해받는다. 여성은 자신의 욕구와 사회의 요구가 일치하지 않는 상황에서 시댁 식구들의

---

163) 크리스 쉴링, 위의 책, 173-179쪽.

성토대회가 심해지면서 압력이 가해지자, 감정노동의 수행이 어려워지면서 가면이 벗겨지고 자신의 욕구를 직접적으로 표출하게 된다.

셋째, 직장·이웃의 친밀한 공동체 형성과 사적 영역 침입에 대한 정당성 부여로 인한 불안, 두려움, 보호 등이 거짓말, 가면 쓰기를 계속 발생시킨다. 북한 사회에서 여성은 감정노동이 크다. 왜냐하면 직장뿐 아니라 이웃과의 관계도 중요하기 때문이다. 왕래가 힘든 북한에서는 이웃과 직장이 가장 가까운 공동체이고 학습과 작업도 같이 받는다. 그렇기 때문에 더 침범의 가능성이 잦아진다. 동네 사람들이 '공동으로 공동 화장실 청소, 눈 치우기, 거리 청소를 하기 때문에 이웃 간에 서로 너무 잘 알게 된다.'164) 그리고 직장의 가정 방문도 일상적인 일이다. 북한 사회는 '남편이 부인을 학대하면 부인이 속한 여성조직으로부터 비판과 압력을 받고, 고부갈등이 있으면 직장 상사가 개입하여 문제를 해결'165) 한다는 점에서 가정 문제도 집단문제로 인식한다.

북한 사회주의 헌법에 규정된 '가정이 나라의 세포'(제63조)166)라는 말이 침입에 대한 정당성을 부여한다. 북한 사회의 감시체계, 사생활의 결핍 등이 이러한 후면영역의 침입 사건으로 표현된다. 사회적으로 요

---

164) 정옥희, 「간호사가 되고 싶었던 무용수」, 여성한국사회연구소(편), 앞의 논문, 188쪽.

165) 황은주, 앞의 논문, 126쪽.

166) 『북한법령집』, 제1권, 1990, 56쪽. / (재인용) 박은정, 「북한법 이론과 여성」, 이화여자대학교 한국여성연구원(편), 앞의 논문, 64쪽.

구되는 자아와 자신의 실제적인 자아 사이의 큰 간격이 존재하기 때문에, 여성들은 평소 가면 쓰기를 한다. 여성의 가면 쓰기를 통한 위장과 가장이 침입으로 들통나는 것은 여성의 욕구가 제대로 표출되지 못한다는 증거가 된다. 이러한 여성의 연기하는 신체는 북한의 감시체제에 대한 불안의 표현이면서 동시에 사적 영역의 침입에 대한 보호의 책략이다. 그래서 이렇듯 연기하는 여성은 거짓말과 가면 쓰기를 통해 이러한 침입에 대한 두려움과 자신의 욕구에 대한 보호라는 의미를 드러낸다.

## 4. 가출: 가부장제의 마녀사냥, 집단주의의 억압과 '일탈하는 여성'

〈우리 윗집 문제〉, 〈우리 처가집 문제〉, 〈우리 누이집 문제〉에서 갈등으로 인하여 문제가 발생하거나 사적 영역이 침입되면, 여성은 어떤 행동을 보이는가? 〈우리 누이집 문제〉에서 시어머니는 며느리와의 갈등으로 가출하고, 며느리는 시어머니, 시누이와의 오해와 갈등으로 가출한다. 〈우리 처가집 문제〉에서 며느리 복희는 자신의 거짓말이 탄로 나서 시댁 식구들과 갈등하자 가출하고, 다시 돌아와서 시어머니가 자신을 변호하는 말을 듣고는 죄책감에 또 가출한다. 〈우리 윗집 문제〉에서 며느리 수옥은 자신을 비난하는 주변 인물들의 말을 듣고 가출한다. 이렇듯 여주인공들은 갈등과 문제가 발생하거나 사적 영역이 침입당해 거짓말이 폭로되는 경우 대부분 '가출'이라는 방법을 선택한다.

그렇다면 여성들이 '가출'이라는 방법을 선택하는 이유는 무엇인가? 첫째, 사건이 발생할 때마다 문제의 원인으로 항상 여성을 지목하며 비판한다. 〈우리 누이집 문제〉에서 큰아들과 작은아들이 자기 여동생을 야단치는 이유는 며느리 때문이며, 〈우리 처갓집〉에서 아들이 배를 잘못 몰아서 사고를 낸 이유는 마음을 불편하게 만든 며느리 때문이며, 〈우리 웃집 문제〉에서 수옥이 조건을 보고 결혼한 이유는 엄마의 허영과 안락한 사고방식 때문이다. 세 편의 영화에서 갈등은 대부분 결함이 있는 여자들—대개 시어머니와 며느리— 사이에서 남성이 고통받고 있음을 강조한다. 그래서 남성의 육체가 더 이상 고통 받지 않기 위해서는 여자들이 화해하고 갈등이 없어야 한다고 주장한다. 즉 "남성의 육체는 여성의 육체의 원초적 충동에 의해 희생되는 것으로 표현"167)되어 있다. 그래서 대부분 문제는 가부장제로 인한 불평등한 성역할과 이중부담 때문이지만, 항상 여성의 개인석 품성이나 자질 문제를 원인으로 제시하면시 여성을 궁지에 몰아넣는다.

둘째, 능동적인 여성은 마녀사냥을 통해 처벌받는다. "여성의 미덕은 가정적, 사적인 것이었고 여성은 결코 나서서 설쳐대지 말아야" 하며, "남성들이 군중 앞에 나서면 정치가가 되지만 여성들이 군중 앞에 나서면 창녀 취급을 받"168)는다. 세 편의 영화는 여자가 나서면 '창녀'가 아

---

167) 피터 브룩스, 이봉지·한애경(공역), 『육체와 예술』, 문학과 지성사, 2000, 128쪽.

니라 '마녀' 취급을 받는다. 서사의 많은 부분은 나서기 좋아하는 마녀에 대한 처벌이자 응징이다. 여자가 잘하든 잘못하든 무조건 마녀사냥이 벌어진다. 정치적인 여성들, 능동적인 여성들, 방탕한 여성들은 통제할 수 없는 욕망의 표본이기 때문에, '남성적 에너지'를 발산시키고 방해하지 않기 위해서 그녀들을 교정하고, 그녀들의 여성적 에너지를 감소시켜야 한다는 생각을 드러낸다. 남성은 능동이고 여성은 수동이어야 하는데, 이런 역할 구분이 무너져 남성/여성의 능동/수동이 역전되면 항상 '우리집 문제'가 발생한다. 이때 세 편의 영화에서 여성은 이중성을 보인다. 여성은 과정 측면에서 자기표현을 당차게 잘하여 억압적인 현실 속에서 저항의 목소리를 내지만, 결과 측면에서 수동적이고 순종적인 모습을 보여 가부장적 질서에 다시 편입된다.

셋째, 여성은 공적 노동으로 인한 문제로 광장 공포증이 조장되고, 타자 지향적인 정서 체계를 강요받는다. 하트만은 "가부장제를 여성의 섹슈얼리티와 노동력에 대한 남성의 통제"[169]라고 본다. 세 편의 영화에서 가장 문제시되는 것은 여성의 노동문제, 즉 공적 노동을 하는 여성이 사적 노동을 소홀히 하면서 벌어지는 문제이다. 공적 활동에 전념할 경우 항상 문제가 발생한다는 점에서 여성의 가정성과 의존성을 강조하면서 '광장 공포증'을 조장한다. 그리고 '가정중심적인 여성성'과 '타자지

---

168) 피터 브룩스, 앞의 책, 126쪽.

169) 크리스 쉴링, 앞의 책, 57쪽.

향적인 정서체계'를 통해서 엄격한 성별 분업 이데올로기와 '남들 먹이기'를 이상적인 모델로 강요한다. 기본적인 의식주 문제에서 여성의 기본적인 욕구는 다른 구성원들이나 체제와 대립할 수 있는 갈등의 소지가 된다. 그래서 '자기 먹기'는 탐욕과 욕망이므로 식욕이 통제되어야 하고, 공적 권력, 독립, 성적 만족이라는 여성의 갈망이 자제되어야 한다는 점에서, 여성의 노동력에 대한 남성의 통제가 가해진다. 이렇듯 여주인공은 가부장제로 인한 성차별과 이중부담, 능동적인 여성에 대한 마녀사냥, 광장 공포증과 타자지향적 정서체계 강요에 따른 억압으로 인해 일탈하게 된다.

그렇다면 〈우리 웃집 문제〉, 〈우리 처가집 문제〉, 〈우리 누이집 문제〉에서 이처럼 '가출'이라는 모티브가 반복적으로 나타나는 컨텍스트적 맥락은 무엇인가? 첫째, 표면적으로 여성의 공적 참여를 지지하지만, 내면적으로는 가부장적 남녀관계를 종속시키고 있는 북한 사회의 이중성이다. 탁아소가 있지만 가사노동의 사회화가 아직 이루어지지 않고 있으며, 밥 공장이 있지만 비싸고 질이 좋지 않아서 사먹을 수 없는 등 여전히 가사노동이 젊은 여성에게만 집중되어 있다. 여성의 공적 참여로 발생하는 문제들이 드러나지만, 공식적으로 여성이 해방된 사회이기 때문에 그 문제를 제기하는 것이 불가능하다. 푸코에 의하면 '권력은 특정 영역에서 지배와 종속을 유지시키는 관례, 제도, 기술의 망이며, 권력관계의 유지 및 재생산이기 때문에, 억압적 기제가 아니라 구성적 기제이다.'170) 그래서 여주인공의 가출은 권력의 지배와 종속과 잠재적 반항의 전복성 사이의 갈등, 의미의 변화, 이중성을 드러낸다.

둘째, 북한 사회에서 여성은 이혼하면 배급이나 노동문제에서 불이익을 당하기 때문에 일방적인 순종을 강요당하고, 극단적 경우에 이혼보다 가출을 택한다. 〈우리 누이집 문제〉와 〈우리 웃집 문제〉에서 여주인공은 남편이 이혼하자는 말에 겁을 낸다. 결혼해서 부부가 살다보면 이혼도 할 수 있는데 북한에서는 사상 문제만 없다면 잘 안 하려고 한다. 북한 여성은 "여자 혼자 살기 힘든 사회이거든요. 배급받기 위해서 직장에도 다시 다녀야 하고 살림도 혼자서 해야 되고요. 살림 중에서도 연탄 만들기, 거리 청소 등 힘든 노동을 여자 혼자서 다 해야 하기 때문에 웬만하면 참고 살아요"[171]라고 말한다. 그리고 경제적인 이유로도 이혼할 수 없다. 직장에 다니면 7백 그램이 나오지만 집에 있으면 3백 그램이 나오고, 집에 있으면서 장사를 부업으로 하면 직장에서의 월급이나 배급보다 훨씬 더 벌 수 있다. 그런데 이혼하면 다시 직장에 나가야 하고 가사일 중 힘든 일, 즉 연탄 만들기, 김장독 묻기 등을 혼자 다 해야 하기 때문에 웬만하면 참고 살려고 한다.

셋째, 북한 사회에서 엄격한 규제, 강한 가족적 유대, 출신성분과 연좌제에 대한 불안으로 인한 여성에 대한 억압은 여성의 일탈로 이어진다. 북한 사회에서는 가족 내의 정서적 유대가 강하다. 북한의 금욕주의

---

170) 수잔 보르도, 앞의 논문, 120쪽.

171) 강금식, 「자부심 하나로」, 여성한국사회연구소(편), 앞의 논문, 87쪽.

적 특성으로 인하여 자신과 가족의 도덕을 엄격하게 규제해야 한다는 책임이 부모의 어깨 위에 부과되었다. 왜냐하면 출신성분에 대한 강박관념이 있기 때문이다. 6-8촌까지 출신성분이 적용되며 그 출신성분에 의해 대학, 진학, 승진 등 많은 일들이 결정된다. 이러한 북한의 연좌제로 인하여 개인의 과오는 가족, 집안으로 확산된다. 탈북자 가족이 되면 농촌으로 추방당하고 학생은 퇴학당하고 심하게는 숙청당하기도 한다. 개인의 문제가 곧 국가의 문제와 연관된다는 사고방식으로 인해 가족이 아닌 다른 제3자가 가족의 생활의 모든 부분에 개입할 수 있었다. 하지만 젊은 세대 여성은 견디기 어려울 정도로 강하게 연결된 가족의 유대에서 벗어나고 싶어 한다. 이런 점에서 여성의 육체는 "쾌락의 대상이기도 하고 죄를 담는 그릇"172)이기도 하다. 그래서 세 편의 영화는 대부분 젊은 여성의 이탈을 막기 위해서 기성세대와 젊은 세대가 함께 노력해야 한다는 것을 강조한다.

넷째, 북한 사회는 사회정치적 생명체론에 입각한 집단주의로 인힌 토론문화와 고발문화는 여성의 공적, 사적 영역을 모두 감시함으로써 여성이 일탈하게 만든다. 집단주의는 '하나는 전체를 위하여, 전체는 하나를 위하여'라는 구호에 잘 나타나 있다. 이러한 집단주의는 최근에 더욱 강조되고 있는 사회정치적 생명체론과 연관되어 있다. 사회정치적 생명체론의 핵심적인 내용은 "수령-당-대중은 결코 분리될 수 없는 하

---

172) 스티브 컨, 앞의 책, 151쪽.

나의 생명을 가진 유기체적 통일체"173)라는 것이다. 세 편의 영화는 이런 토론문화, 고발문화로 나타나는 집단주의를 강조한다. 이 영화에서 대부분 문제는 집단적인 고발과 토론으로 해결된다. 여성의 가출은 이런 유기체적 통일체와 집단주의로 인한 감정노동 때문에 균열을 일으키고 일탈하는 욕구를 드러낸다. 이렇듯 여주인공의 가출은 여성의 공적 참여에 대한 간극과 이중성, 이혼에 따른 경제적이고 육체적인 불이익, 가족적 유대와 출신성분에 의한 연좌제의 압박, 사회정치적 생명체론에 의한 집단주의의 억압에 기인한 여성의 일탈 욕구를 드러낸다.

## 5. 공식적/비공식적 담론의 간극과 여성의 욕구 표현

제4장은 북한 영화에서 여성의 자아, 버릇없는 정체성, 일탈에 대한 표현을 다룬다. 필자는 고프만의 '연기하는 자아'라는 개념을 중심으로 〈우리 웃집 문제〉, 〈우리 처가집 문제〉, 〈우리 누이집 문제〉에 나타나는 여성의 갈등, 연기, 부재에 대해 고찰하였다.

첫 번째, 세 영화의 서사는 갈등-거짓말-방문-노출-보복-불복-화해라는 기능의 공통점이 있다. 이 영화들은 가부장제에 의한 시어머니/며

---

173) 양옥순, 「북한 문예정책의 변천에 관한 연구: 소설의 주제 변화를 중심으로」, 한국교원대 대학원 석사학위논문, 1996, 62쪽.

느리와 남편/아내의 사적 갈등, 고위 관리/직원과 남녀의 공적 갈등을 보여준다. 이러한 여성의 갈등은 북한 사회의 빈곤과 변화에 따른 혼란과 억압을 반영한다. 여주인공은 사적, 공적 갈등에서 자신의 욕망을 표출하는 것이 불가능하고 사회규범과 체제가 완고하기 때문에 연기를 한다. 여주인공의 연기하는 자아는 인간적인 자아와 사회화된 자아의 불일치로 인한 자신에 대한 은폐와 보호의 의미이다. 그래서 여주인공이 연기를 해야 하는 이유는 바로 가부장제, 고발문화, 이중노동으로 인해 감정노동이 크기 때문이다.

두 번째, 여주인공은 자신의 욕망을 표현할 수 없고 사회 시스템이 고집스럽기 때문에 저항에 나서게 된다. 이 행동은 가상의 사회적 정체성과 현실의 사회적 정체성의 차이를 통해 은폐하고 보호하는 것을 의미한다. 그리고 여주인공은 가부장제, 감시문화, 이중부담으로 인해 '감정 작업'의 양이 증가하자 저항하기 시작한다. 여주인공은 직장 상사나 시댁 어른의 사적 영역 침입으로 인해 자신의 연기가 폭로된다. 그녀는 공적 영역/사적 영역, 전면영역/후면영역, 무대 위/ 무대 뒤의 경계가 무너지면서 조장된 인상이 탄로나서 오명을 얻고 당혹감을 느끼게 된다. 개인과 집단의 갈등에서 그녀는 자신에 대한 불신과 감시로 인해 사적 영역, 후면영역을 갈망하게 된다.

세 번째, 고위 공무원이나 남편의 존경받는 가족은 사적인 영역을 침해하기 때문에 그들의 행동이 드러난다. 공적/사적 영역, 앞뒤 영역, 무대 위/ 무대 뒤의 경계를 넘어서면 여성들은 낙인이 찍히고 당황하게 된다. 개인과 집단의 갈등 속에서 여성들은 자신에 대한 불신과 관찰 때문에 사적인 영역과 뒷모습을 얻고 싶어한다. 여주인공은 자신의 연기가 폭로되면 가출한다. 북한 영화에서 능동적이고 적극적인 여성은 욕망을 드러낸다는 점에서 부정적 인물로 형상화된다. 능동적인 여성은 가부장제와 집단주의로 인해 감정노동이 크고 오명을 갖게 되기 때문에 일탈하고자 하는 욕구를 느끼게 된다.

《〈우리 웃집 문제〉, 〈우리 처가집 문제〉, 〈우리 누이집 문제〉에서 여성의 갈등, 연기, 부재를 고찰한 결과, 영화 속에서 북한 사회는 표면적으로는 여성의 활동을 지지하면서 이면적으로는 가부장제를 유지하고 있기 때문에, 여성들은 사적인 욕망과 대중의 요구라는 딜레마에서 벗어나고 싶어한다.

〈우리 웃집 문제〉, 〈우리 처가집 문제〉, 〈우리 누이집 문제〉의 구조는 다층적이다. 우선, 주제가와 우편국장의 말을 통한 국가권력의 '공식적' 담론이다. 여성의 사회 진출을 긍정하며 여성을 사적으로나 공적으로나 돕자고 주장한다. 다음으로, 여성의 목소리를 통한 '비공식적' 담론이다. 기존의 여성의 위치(특히 며느리 역할)를 거부하면서 사회 진출, 핵가족, 쾌락이라는 가치관을 지지한다. 마지막으로, 지배적인 주제는 공식적 담론과 비공식 담론 사이의 '갈등'이다. 여성의 사회 진출로 생기는 사적인 갈등이 '우리집 문제'로 드러난다는 점에서 여성의 사회 진출이 문제시된다. 이런 다층적인 구조는 서로 대립하거나 충돌한다. 그래서 북한 사회는 표면적으로는 여성의 공적 참여를 지지하지만, 내면적으로는 가부장제를 존속시키기 때문에, 여성은 공적 요구와 사적 욕구의 갈등에서 도피하고자 한다.

그리고 〈우리 웃집 문제〉, 〈우리 처가집 문제〉, 〈우리 누이집 문제〉의 밑바닥에는 '배고픔'이 깔려 있다. 국수는 생일이나 특별한 날 먹을 수 있고, 설렁탕 한 그릇도 배급표를 들고 줄을 서야 먹을 수 있고, 자기 집 갖는 것도 연줄이 있어야 가능하고, 직장에서 버티는 것도 공사 현장을 마다하지 않아야 가능하다. 가장 필요하고 기본적인 의식주에 이런 배고픔이 깔려 있다. 어느 사회에서나 배고픔이 있지만 대부분 가난한 사람들의 경우가 이에 해당하지만, 북한에서는 전반적으로 배고픔이 깔려 있다. 심지어 영화의 배경이 되는 간부아파트도 '털게'의 배급 때문에 옥신각신하는 일이 벌어진다. 높은 간부도 인삼과 녹용을 탐내고, 스케이트화를 사는 것도 어려운 일이다. 직장을 다녀도 임금은 나오지만, 배급이 중단되어 먹고 살기가 힘들다. 그래서 여성은 직장 일과 후에 가사노동을 하고, 밤에는 뜨개질 등의 부업을 한다. 북한 여성들은 먹을 수만 있다면 어떤 노동이라도 수행할 만큼 식량난이 심각하다. 남성은 '건달' 끼가 있고 노동을 제대로 하지 않고 오히려 여성이 생활력이 강하다.

이처럼 북한은 경제난, 식량난으로 가사노동의 사회화가 아니라 여성의 3중 노동으로 시달린다. 일부 연구자들은 북한 사회가 정책을 통해 남녀평등, 여성해방을 하기 위해 애쓴다는 점을 높이 평가하지만, 실제로 경제난, 식량난, 가부장적 사고 등으로 이러한 정책이 여전히 현실화되지 못하고 있다. 그래서 공식적으로 북한 사회는 여성을 해방하고 가사노동을 국가가 책임진다고 말하고 있지만, 비공식적으로 여성은 가부장제에서 성차별로 인한 이중부담으로 인하여 고통받는다. 〈우리집 문제〉 시리즈에서 이러한 공식적 담론과 비공식적 담론의 간극으로 인하여 북한 영화에서 드러나는 여성의 자아 표현은 독특한 내러티브적 구조로 나타나고 있다.

# 제5장 북한 여성의 신체

: 〈우리 처가집 문제〉, 〈우리 누이집 문제〉, 〈우리삼촌집 문제〉에서 드러나는
여성 신체의 다층적인 재현

제5장에서 〈우리 처가집 문제〉, 〈우리 누이집 문제〉, 〈우리삼촌집 문제〉를 중심으로 북한 영화에서 재현되는 여성 신체의 다층적인 층위에 대해 논의한 결과는 다음과 같다.

첫 번째, 복종/저항에 대한 여성 신체의 갈등은 공적 영역의 사익/공익 갈등과 사적 영역의 세대·남녀 갈등으로 나타난다. 공적 영역의 경우 윗사람에게 잘 보여야 하고 처세가 중요한 북한 사회에서 복종을 강요하는 남자 상사는 처세와 사익을 위해서 뇌물과 연줄을 동원하며, 여자 부하는 남자 상사의 일방향적인 명령체계와 가부장적 구조 속에서 강제적 복종을 강요당한다. 여자 부하는 이에 대해 원칙과 공익을 주장하며 저항하고 반발하게 되면서, 남자 상사와 갈등을 일으키게 된다. 사적 영역의 경우 시어머니와 여주인공은 집안일에서의 주도권 다툼으로 세대 갈등을 일으키고, 남편과 여주인공은 성역할의 능동/수동의 역전으로 남녀 갈등을 일으킨다. 여주인공이 집안 내에서 시어머니와 남편과의 관계에서 수동적 역할에서 벗어나 능동적인 역할을 하려고 할 때, 갈등과 문제가 발생한다.

두 번째, 훈육/일탈에 대한 여성 신체의 갈등은 공적 영역의 규율/자율 갈등과 사적 영역의 노동/휴식 갈등으로 나타난다. 공적 영역의 경우 남자 상사는 억압적인 규율 속에서 여성을 훈육되는 신체로 만들어 시달리는 몸이 되게 강요하며, 여자 부하는 노동의 이중부담으로 인해 일탈하는 신체가 됨

으로써 비판받는다. 사적 영역의 경우 집안일에 충실하기를 바라는 시어머니·남편과 직장일도 추구하고자 하는 여주인공이 갈등하고, 여주인공이 일탈하는 신체가 되면서 '우리집'에 문제가 발생한다. 이때 시댁 어른과 상사가 문제에 개입하면서 일탈한 여성을 찾아 나서기 위해 사적 영역에 침입하며, 여주인공은 반성/저항/위장 등의 태도를 보인다.

세 번째, 금욕/쾌락에 대한 여성 신체의 갈등은 식욕·성욕에 대한 통제/욕구의 갈등으로 나타난다. 식욕으로 대표되는 의식주에 대한 욕구의 통제, 생산성 추구를 위한 성욕의 배제, 신체의 부정을 보이는 성욕의 통제로 인해, 금욕/쾌락의 갈등은 금지/허용의 양상을 띠게 된다.

북한 여성의 복종/저항의 갈등은 사익/공익, 수동/능동, 불평등/평등의 갈등을 드러내고, 여성 신체는 불평등성, 후퇴이자 항의, 저항의 재현이다. 북한 여성의 훈육/일탈의 갈등은 규율/자율, 노동/휴식의 갈등을 드러내고, 여성 신체는 불평등한 성체계로 인한 이중부담을 재현한다. 북한 여성의 금욕/쾌락의 갈등은 헌신/자율, 속박/자유의 갈등을 드러내며, 여성의 신체는 금욕주의 모델 속에서의 억압과 욕망을 재현한다. 이렇듯 북한 영화에서 드러나는 여성의 신체는 여성에 대한 공적/사적 영역에서의 비현실적 요구와 여성의 저항하고자 하는 욕망을 표현한다.

**| 핵심어 |** 북한 영화, 〈우리 처가집 문제〉, 〈우리 누이집 문제〉, 〈우리삼촌집 문제〉, 여성 신체, 갈등, 복종/저항, 훈육/일탈, 금욕/쾌락, 침입/보호

## 1. 북한 영화와 여성의 신체

북한 영화는 남한 영화와는 다른 맥락에서 이해되어야 한다. 북한 영화는 '주체사상, 혁명적 수령관, 사회정치적 생명체론에 기초한 창작으로 대중성과 오락성을 통한 통치이념과 이데올로기 전파에 이용'[174]된다. 이러한 북한 문화예술 이론으로는 '가장 기본이 되는 주체문예이론과 이 이론을 영화에 적용해 만들어 교과서 역할을 하는 『영화예술론』[175]' 이 있다. 1967년 이래 북한의 공식적 창작방법인 주체문예이론은 항일혁명을 유일한 전통으로 인정하며 도식적 인물형, 교조주의적 전형화, 무갈등이론 등을 견지한다. 북한 영화의 미학은 이러한 주체문예이론을 영화에 적용한 『영화예술론』(1973)이 중심이었다. 김정일의 『영화예술론』의 핵심 명제는 주체의 인간학(문학론), 종자론(창작방법), 속도론(창작과정론)이다. 한편 1990년대 들어서는 『주체문학론』이 핵심적인 저작이다. 『주체문학론』은 '인민성, 자주성, 창조성을 강조하며, 문학의 형상 원천으로서 사회정치적 생명체, 창작방법으로서 주체사실주의, 종자론, 당의 영도 등을 중요시한다.'[176]

---

174) 서정남, 『서정남의 북한 영화탐사』, 생각의 나무, 2002.

175) 정수연, 「한국에 소개된 북한 영화 분석 연구」, 건국대학교 언론정보대학원 방송전공 석사학위논문, 1999.

176) 이효인, 「북한의 수령 형상 창조 영화 연구—연작 〈조선의 별〉과 연작 〈민족의 태양〉의 신화 형식을 중심으로—」, 중앙대학교 첨단 영상대학원 영화이론 전공 박사학위논문, 2001.

그리고 북한 영화는 '제작, 배급에 있어서 정책적인 지도와 관심 속에서 운영된다.'[177] 이러한 영화 작품들은 '당의 지시에 의해 창작되고 5차에 걸쳐 검열받는다.'[178] 그래서 '당의 인위적인 통제로 관객의 역할이 상당 부분 제한'[179]된다. 북한에서의 영화는 인민 대중을 혁명화, 노동 보급화하기 위한 당 사상교양사업의 일환으로 다루어지기 때문에 보급사업 역시 당이 정책 차원에서 직접 관장한다. 따라서 북한의 영화보급체계는 상당히 조직적이고도 광범위하게 짜여져 있다. 그리고 당 정책에 적극 부응하는 영화는 직접 대중을 동원한다. 왜냐하면 북한에서 영화는 "삶과 혁명의 교과서"[180]이기 때문이다. 특히 북한 영화는 '집권자인 김정일의 관심과 주민들의 주요한 문화 매체라는 점'[181]에서 그 역할이 크다. 김정일이 1973년에 『영화예술론』을 발표하고부터 북한의 영화는 "세습후계자 김정일에 의해 전적으로 좌우되어 대본의 각색, 촬영장소, 감독 선정은 물론 심지어 배우 캐스팅까지 간섭"[182]받게 된다. 김정일이 이같이 북한의 영화계를 좌지우지하고 있는 것은 김일성이 그

---

177) 이효인, 위의 책.

178) 민병욱, 『북한 영화의 역사적 이해』, 역락, 2005.

179) 민병욱, 위의 책.

180) 이철훈, 「북한 영화정책의 시기별 변천과정 연구」, 연세대학교 행정대학원 북한학 전공 석사학위논문, 1997.

181) 이우영, 「북한 영화의 자리를 생각하며 북한 영화 읽기」, 정재형(편), 앞의 책.

182) 이철훈, 앞의 논문, 70-71쪽.

러했던 것처럼 영화를 자신의 후계체제 합리화 및 당위성 선전에 가장 효율적으로 이용할 수 있는 수단으로 판단했기 때문이다.

최근 북한 사회는 김일성 시기의 직접적 규제를 통한 '억압'에서 김정일 시기의 간접적인 규율을 통한 '생산'으로 이행하고 있다. 필자는 북한 영화에서 체제의 일방향적 영향에 대해서만 거론할 것이 아니라, 체제와 영화의 다양한 층위에 대해 논할 필요성을 제기하고자 한다. 즉, 북한 영화에서 재현되는 공적, 사적 영역에서 복종, 저항, 규율, 일탈 등 다층적인 층위가 존재한다는 것이다. 특히 제5장은 이러한 다양한 층위들이 북한 영화에서 여성 신체의 다층성으로 재현된다는 점에 대해서 논의하고자 한다. 필자의 문제의식은 북한 영화를 능동적이고 긍정적인 측면으로 바라보고자 하며, 북한 체제와 북한 영화가 두 개의 신체이고 상호작용이라는 시각으로 고찰하고자 하는 것이다. 특히 여성의 신체는 이러한 북한 사회와 북한 영화의 다층성을 잘 들여다볼 수 있게 하는 다양한 함의를 내포하고 있다는 점에서 주목할 필요가 있다.

북한 영화 〈우리집 문제〉 시리즈는 흥미로운 텍스트이다. 그 중에서도 〈우리 처가집 문제〉(1980), 〈우리 누이집 문제〉(1981), 〈우리 삼촌집 문제〉(1988)는 갈래상 예술영화에 속하며, 1980년대 후반기에 조선예술영화촬영소에서 제작된 영화들이다. 북한 문화예술 이론 중에서 '교조적이고 대사 중심인 『영화예술론』(1973)에 비해 『주체문학론』(1992)은 다양성, 형상화를 강조'[183]한다. 세 편의 영화는 시기적으로는 『영화예술론』과 『주체문학론』의 사이에 위치해 두 이론의 특성을 모두 보여 교조적이면서도 다양성을 강조한다. 또한 이 영화들의 제작 시기는 "권력세습 공고화 시기"이면서 동시에 "북한 영화의 개화기"[184] 시기에 해당한다는 점에서 북한 영화의 정책성과 대중성을 복합적으로 보여줄 수 있는 시기이다.

특히 〈우리집 문제〉 시리즈는 김정일과 당의 관할 하에 있음에도 불구하고 대중의 욕구를 반영할 수 있는 작품이다. 왜냐하면 김정일이 작품을 보고 비판했음에도 불구하고 대중적으로 흥행을 해서, 김정일이 다시 관심을 갖고 제작에 참여한 작품이기 때문이다. 이 영화들은 당의 노선과 대중의 욕구가 동시에 존재하는 텍스트이며, 상부와 하부, 정치와 예술의 복합적이고 상호적인 요소들이 풍부하게 내재된 작품들이다. 제5장은 〈우리 처가집 문제〉, 〈우리 누이집 문제〉, 〈우리삼촌집 문제〉에서 재현되는 여성 신체의 다층적인 층위, 즉 복종/저항의 갈등(=2절), 훈육/일탈의 갈등(=3절), 금욕/쾌락의 갈등(=4절)을 살펴본 후, 북한 여성의 신체와 북한 사회의 변화(=5절)에 대해서 고찰하고자 한다.

## 2. 복종/저항에 대한 여성 신체의 갈등

신체는 직접적으로 정치의 영역에 들어가 있어서, 권력관계는 신체에

---

183) 이명자, 「김정일 통치 시기 가족 멜로드라마 연구—북한 근대성의 변화를 중심으로—」, 동국대학교 대학원 연극영화학과 박사학위논문, 2004.

184) 이철훈, 앞의 논문, 70쪽.

직접적 영향력을 가하게 된다. 푸코에 의하면, 권력과 신체의 관계와 영향력은 "강제적 복종의 구조"이며 "신체는 생산하는 신체인 동시에 복종하는 신체"185)이다. 복종하는 신체는 끊임없이 반복되면서 완성되는 복종을 지향하는 것이다. 신체형의 의식은 군주의 정치적 권력을 화려한 형태로 과시하면서 그것을 회복시킨다. 무장된 법의 의식으로 이루어지는 공개 처형은 "결말이 사전에 짜여 있는, 범죄자와 통치자 사이의 싸움을 엄숙하게 종결짓는 것이고, 통치자의 권력에 의해서 무력한 상태에 빠진 사람들에 대해 그 엄청난 권력을 명시해야 하는 행위"186)를 보여준다. 즉 이러한 신체형은 민중을 복종하는 신체로 만드는 의식이다.

하지만 신체형의 의식에서는 중심인물인 민중을 중심으로 수없이 많은 소동들이 발생하고, 처형을 당하게 될 사형수 또한 무엇을 해도 전혀 금지나 처벌을 받지 않는 일시적인 난동이 허용된다. 그래서 국왕의 무서운 권력만을 보여주어야 할 이러한 처형에서 카니발과 같은 축제의 양상이 벌어지기도 하는데, 여기서 역할이 전도되어 권력자가 농락당하고 죄인은 영웅시된다. 그리하여 불명예의 대상이 뒤바뀌어 범죄자의 용기나 눈물과 절규는 모두 법과 권력관계에 대해서 의심을 품게 만든다. 즉, "폭력이 순간적으로 가역적인 것이 될 수 있었던 분명치 않은 축

---

185) 미셸 푸코a, 오생근(역), 『감시와 처벌: 감옥의 역사』, 나남, 1994/2005, 56쪽.

186) 미셸 푸코a, 위의 책, 92쪽.

제의 소동에서 더욱 강화될 우려가 있었던 것은 통치 권력보다 오히려 그러한 민중의 연대의식"187)이 되는 것이다. 그래서 복종하는 신체로 만들고자 하는 신체형의 의식이 오히려 저항하는 신체를 초래하기도 한다.

푸코는 신체형에서만 의도와 결과의 부조화를 이야기하고 있지만, 권력이 모든 처벌의 유형에 내재해 있다면 어느 시대에나 다른 종류이지만 저항이나 거부가 있지 않았을까? 처벌의 양식이 바뀐다면 처벌에 대한 저항의 양식도 바뀐 것이 아닐까? 생산력과 강제적 복종의 구조 하에서 신체는 생산하는 신체와 복종하는 신체가 되며, 신체가 생산하는 신체와 복종하는 신체인 경우에만 권력관계에 유익한 힘이 된다. 그렇다면 사형수나 민중이 복종하는 신체가 되기를 거부한다면 그 신체는 권력관계에 유익한 힘이 되는 것을 방해하게 될 것이다. 이런 방해와 거부의 몸짓을 '저항하는 신체'로 상정해볼 수 있다. 이런 경우 권력과 신체의 역학관계에서 복종하는 신체와 저항하는 신체가 갈등하게 된다. 사형수의 신체는 군주 권력의 가시화 대상인 진시물임과 동시에 민중 욕구의 표현인 카니발의 왕이라는 이중적인 역할을 한다. 마찬가지로 북한 여성의 신체에도 이러한 복종/저항의 층위가 함께 존재하고 있다. 〈우리 처가집 문제〉, 〈우리 누이집 문제〉, 〈우리 삼촌집 문제〉 속 여성의 신체에서 재현되는 복종하는 신체와 저항하는 신체의 갈등은 공적 영역과 사적 영역으로 나누어 생각해볼 수 있다.

---

187) 미셸 푸코a, 위의 책, 114쪽.

첫째, 공적 영역에서의 복종/저항에 대한 여성 신체의 갈등이다. 이는 사적 이익과 공적 이익의 갈등이며, 즉 원칙보다는 연줄, 청탁, 처세, 이익에 따라 일의 방향을 결정하는 남자 상사가 요구하는 복종과, 원칙에 입각해서 이러한 남자 상사를 비판하며 문제를 제기하는 여자 부하의 저항 사이의 갈등으로 표출된다. 북한 사회에서는 일을 잘하는 것보다 윗사람에게 잘 보이는 것이 더 중요하다. 왜냐하면 모든 결정이 '꼭대기'에서 일방적으로 이루어지기 때문이다. 예를 들면, "윗사람에게 잘 보이기만 하면 일단 출근해서 출근부에 도장을 찍고 놀아도 되었고 어디 가서 자고 와도 되"188)는 것이다.

〈우리 삼촌집 문제〉에서 시행정 도시과 처장인 윤길은 당 간부인 부위원장에게 잘 보이기 위해서 학교 공사보다 부위원장이 들어갈 아파트 공사부터 먼저 하고자 한다. 이에 부하직원인 여자 지도원 송선희는 "겨울이 되면 바게스를 들고 아이들이 고생할 것"이라며 "학교 공사를 우선적으로 해야 한다"라며 윤길의 이런 결정에 반대하고 상부에 보고한다. 윤길은 자신의 결정을 상부에 보고한 송선희에 대해서 "고자질이나 말질이나 하는 여자가 더 문제야"라며 송선희가 겉과 속이 다르다고 비난하면서, 그런 여자 때문에 자기 일이 방해되는 것에 대해서 "굴욕"이고 "말만 들어도 약이 오른다"라며 격분해한다. 그리고 계속 자신의 결정을

---

188) 여성한국사회연구소(편저), 『북한 여성들의 삶과 꿈』, 사회문화연구소, 2001/2002, 106쪽.

밀어붙이며 송선희에게 무조건 자기 말에 복종하기를 강요한다. 이에 송선희는 자기 생각을 고수하며 저항하고자 하지만, 자신의 시댁 식구에까지 압력을 가하는 윤길로 인하여 마침내 벽에 부딪히고 만다.

복종적인 여자는 비공식적 제재를 받으며 "어떤 것이 자아의 구조 속으로 병합"되는 '내면화'를 보여주는 반면, 복종하지 않는 여자는 공식적이고 혹심한 제재를 받으며 "순종하지 못했다는 것 때문에 여자 스스로도 자괴감에 빠진"189)다. 이런 갈등 상황에서 남자 상사는 이의를 제기하는 여자 부하에게 일방적으로 명령을 전달하며 '복종하는 신체'가 되기를 강요하지만, 여자 부하는 '저항하는 신체'가 되기를 욕구한다. 이렇듯 여성의 신체는 '욕구와 욕망의 본거지'로서 복종/저항의 갈등을 보여주고 있다.

[사진5-1] 〈우리 누이집 문제〉 시어머니가 가출하는 장면(좌)과 며느리와 화해하는 장면(우)

---

189) 샌드라 리 바트키(Sandra Lee Bartky), 「푸코, 여성성, 가부장적 권력의 근대화」, 윤효녕(역), 케티 콘보이 & 나디아 메디나 & 사라 스탠베리(편), 조애리(외)(편역), 『여성의 몸, 어떻게 읽을 것인가?: 성의 상품화 그리고 저항의 가능성』, 한울, 2001/2003, 의 글, 227-230쪽.

둘째, 사적 영역에서의 복종/저항에 대한 여성 신체의 갈등이다. 우선, 시어머니와 여주인공의 갈등이다. 〈우리 누이집 문제〉에서는 자기 말을 무조건 따르라는 시어머니의 말을 며느리가 거절하면서 문제가 발생한다. 며느리가 "내가 다 알아서 한다니까요"라며 계속 자기 생각을 말하자, 시어머니는 "내가 나갈 테니 너 혼자 실컷 쥐다 펴다 그래라"며 짐을 싸서 나간다. 시어머니는 며느리가 늦게 일어나서 시누이의 밥을 못 챙겨준 것보다 자기 말에 복종하지 않는 것에 더 화를 낸다. 반면, 며느리는 "자신이 효성을 다하면 시어머니가 용서할 것"이라며 "앞으로 더욱 잘하겠다"라고 다짐하지만, 복종해야겠다고는 생각하지 않는다. 이렇듯 시어머니와 며느리의 갈등에서 며느리는 헌신을 약속하지만, 시어머니가 바라는 것은 며느리의 복종이다. 이런 가치관의 차이로 인해 시어머니와 여주인공의 갈등이 점점 심해진다.

다음으로, 남편과 여주인공의 갈등이다. 〈우리집 문제〉에서 아내가 우편국장인 남편의 바깥일에 적극적으로 개입하다가 결국 남편이 우편 국장직에서 쫓겨나 외지로 가게 된다. 〈우리 아래집 문제〉에서 아내가 건설 도행정회 차장인 남편에게 둘째딸의 취직을 위해서 우편국 기계실을 우선적으로 건설하라며 간섭하고, 자신이 좋은 아파트에 들어가기 위해서 남편의 부하에게 압력을 넣어서 이웃의 아파트를 가로채어 결국 남편이 난처한 상황에 빠지게 된다. 남편은 주위 사람들로부터 "집안사람 등에 놀면서 일을 망친다"라고 비판받는다. 〈우리 삼촌집 문제〉에서도 아내는 아파트 상하수도부터 우선적으로 공사해서 그 아파트에 들어

갈 예정인 부위원장의 비위를 맞춰야 한다며 남편을 설득하고, 결국 남편이 곤란한 상황에 처한다. 〈우리 처가집 문제〉에서도 아내가 가정 내에서 문제를 일으키자 스트레스를 받던 남편이 배를 양식장 쪽으로 잘못 몰아서 사고를 낸다. 〈우리는 모두 한 가정〉에서도 아내와 잦은 부부싸움을 하던 계획과장이 바깥일에 전념하지 못해서 일이 지체되자, 부하들이 뒤에서 비난한다.

이렇듯 남편과 아내의 갈등에서 남편이 공적 영역에서 일을 제대로 수행하지 못하는 원인은 항상 아내이다. 즉, 남편에게 복종하지 않고 오히려 명령하는 능동적인 아내가 뒤에 있기 때문이다. 그래서 권력관계는 아내에게 '복종하는 신체'가 되기를 강요하고, 만약 이것을 어기고 아내가 '저항하는 신체'가 될 경우에는 남편과 아내 모두에게 불이익이 돌아갈 것임을 경고한다. 게다가 남편은 시어머니보다 더 완고하여 아내가 조금이라도 불손한 태도를 보이면 '바로 갈라서자!'라며 화를 낸다. 남편은 명령하고 아내는 복종해야 하며, 남편은 능동적이어야 하고 아내는 수동적이어야 함을 강요한다. 이런 관계가 역전되어 남편이 복종하는 신체가 되고 아내가 명령하는 신체가 될 때마다 항상 '우리집 문제'가 발생한다.

신체는 자아정체성과 같은 상징 가치의 담지체로서 중요한 의미를 지니며, 신체의 다양한 특징들이 지배/종속의 위치를 재생산하는 한편 변형시킨다는 점에서 이중적이다. 영화 속에서 북한 여성의 신체는 "여성의 존재 양식"과 "불평등과 억압의 사회적 관계에 연루되는 다양한 측

면"190)을 동시에 강조한다. 북한 여성의 신체에서 표출되는 복종/저항
의 갈등은 사익/공익과 수동/능동의 갈등으로 재현된다. 여성은 연줄과
처세가 중시되는 공적 영역에서 원칙과 공정성을 주장하는 한편, 여성
이 혼자 의무를 행하지만 권리가 없는 사적 영역에서 자신의 권리와 평
등을 주장한다.

영화 속 북한의 젊은 여성은 '왜 시어머니가 가사일을 도와주면 안 되
는가'라고 되물으면서 능동적인 감응을 보여주지만, 여전히 남편이 가
사일을 도와주지 않는 것에 대해서는 불만이 없다는 점에서, 가사일은
여성의 영역이라고 생각하는 경향이 강하다. 여성의 경우 고부관계에서
변화를 요구하지만, 남편과의 관계에서는 가사 분담 이야기를 전혀 거
론하지 않는다는 점에서, 세대 문제와 남녀 문제 사이의 간극이 존재한
다. 그래서 사회는 여성에게 남녀 문제에 대해서는 복종하는 신체를 요
구하지만, 세대 문제에 있어서는 저항하는 신체를 부분적으로 허용해주
는 모순적인 양상을 보여준다.

여성의 저항은 여성 신체의 여러 가지 표현으로 재현된다. 〈우리 처
가집 문제〉에서 며느리는 불만이 가득하고 감정변화가 크다. 〈우리 웃
집 문제〉에서 며느리는 우울증으로 인해 가사노동을 수행하기가 힘들어
진다. 이때 여성 신체는 겉으로는 "불평하지 않는 조용한 여성—가부장
적 문화에서의 이상형"191)을 보여주면서 속으로는 잠재적인 공모, 저

---

190) 크리스 쉴링, 임인숙(역), 『몸의 사회학』, 나남, 1999/2003, 58쪽.

항, 반항을 내재하고 있다. 즉, 여성의 신체는 '후퇴이자 항의의 몸짓'으로 재현된다. 기존의 관습에 복종하던 여성이 자기 삶의 여러 측면을 표현할 수 있는 한 가지 방법을 통해 저항한다. 텍스트는 전반적으로 성차별을 견고하게 하면서 결말에 가서는 문제를 희석하고 은폐한다. 하지만, 우리는 여성의 수동적인 감응에서 능동적인 감응으로의 변화, 복종하는 신체에서 저항하는 신체로의 변화에 주목해야 한다. 이런 점에서 영화 속 북한 여성은 표면적이고 전체적으로 복종하는 신체이지만, 내면적이고 부분적으로 저항하는 신체이다.


## 3. 훈육/일탈에 대한 여성 신체의 갈등

권력의 양태는 군주시대의 직접적인 억압에서 근대의 간접적인 훈육과 규율로 이행한다. 규율은 신체의 능려 신장이나 신체에 대한 구속의 강화를 지향한다. 그뿐만 아니라 하나의 메커니즘 속에서 "신체가 유용하면 유용할수록 더욱 신체를 복종적으로 만드는" 관계 혹은 "복종하면 복종할수록 더욱 유용하게 하는"192) 관계의 성립을 지향한다. 규율은 복종하고 훈련된 신체와 순종하는 신체를 만들어낸다. 신체는 생산하는

---

191) 수잔 보르도, 「몸과 여성성의 재생산」, 케티 콘보이·나디아 메디나·사라 스탠베리
　　(편), 조애리(역), 앞의 책, 128-131쪽.
192) 미셸 푸코a, 앞의 책, 215-217쪽.

신체인 동시에 복종하는 신체인 경우에만 유익한 힘이 되는 셈이다. 근대성과 합리화 과정과 더불어 신체에 대한 통제력이 크게 증대된다. 근대사회에서 신체의 훈육과 규제는 정치적 충성을 강요하고 육체노동의 산물을 착취하고 효력, 작용이라는 경제성, 효율로 규제하는 훈육적 관행을 보여준다. 훈육 기관들의 목표는 몸의 효용성을 증대시키는 것, 몸의 효율을 증가시키는 것이다.

권력 장치의 정치적 이해는 자기가 원하는 바를 타인의 신체가 수행하도록 하여 타인의 신체에 대한 지배권을 획득하는 것이다. 그래서 권력의 미시물리학은 "신체의 시간, 공간, 동작을 파편화하고 분할"193)한다. 즉 신체의 시간과 공간을 통제하고 일탈하는 신체에 대해 즉각적인 규제와 제재를 가한다. 규율은 '다수의 인간을 질서정연하게 배치하기 위한 기술이며, 신체의 힘을 가장 값싼 비용의 정치적인 힘으로 환원하고, 유용한 힘으로서 극대화하고 단일화한 기술 과정이면서 힘과 신체를 복종시키는 방법'194)이다.

하지만 푸코가 언급하고 있는 '괴물들의 계열'과 '비행자'에서 이러한 훈육과 규율의 체제에서도 '일탈하는 신체'가 가능함이 발견된다. 『감시와 처벌』에서 푸코는 탈주선을 타는 세 명의 인물 즉 비독, 라스내르, 떠돌이를 거론한다. 이들은 기존의 비행자에게 부여되는 법적 주체의 계

---

193) 샌드라 리 바트키, 앞의 논문, 206-207쪽.

194) 미셸 푸코a, 앞의 책, 335-339쪽.

열과 괴물들의 계열에서 일탈한다. 그들은 "바람직한 대상이란 전통에서 매우 벗어난 다른 괴이한 육체"195)인 괴물로서, 정상적인 측정과 분류를 불신하게 만들어 유기화된 것의 한계들을 발견하고, 외관적인 고요함 아래에서 요동, 불안, 열정이 꿈틀거리게 만든다. 동시에 그들은 '주변적 위치에 있지만 역동적 위치를 점유'196)하는 별종으로서 다양성을 보여주기도 한다.

[사진5-2] 〈우리 삼촌집 문제〉 송선희가 공연 연습을 하는 장면(좌)과
학교 공사 현장에 뛰어드는 장면(우)

마찬가지로 북한 여성의 신체에도 이러한 훈육/일탈의 층위가 함께 존재한다. 〈우리 처가집 문제〉, 〈우리 누이집 문제〉, 〈우리 삼촌집 문제〉 속 여성의 신체에서 재현되는 훈육되는 신체와 일탈하는 신체의 갈

---

195) 피터 브룩스, 이봉지·한애경(공역), 『육체와 예술』, 문학과 지성사, 2000, 370쪽.

196) 질 들뢰즈 & 펠릭스 가타리, 김재인(역), 『천 개의 고원: 자본주의와 분열증』. 새물결, 2001, 19-21쪽.

등은 공적 영역과 사적 영역으로 나누어 생각해볼 수 있다.

첫째, 공적 영역에서의 훈육/일탈에 대한 여성 신체의 갈등이다. 이는 공적 영역의 훈육과 규율에 충실해야 한다는 남자 상사와 사적 영역으로 인해 공적 영역에서 일탈하는 여자 부하의 갈등이다. 공적 영역에서 여성은 정규적인 업무 외에도 과중한 노동에 시달린다. 즉 여성은 가사와 육아 외에도 직장에서 과도한 일을 하는 '시달리는 신체'가 된다. 〈우리 삼촌집 문제〉에서 지도원인 송선희는 일과 후에도 야근과 예술 소양 공연을 위한 장구·노래 연습을 해야 한다. 그리고 학교 수도 보수 공사가 진행되지 않자 여교사들은 "문제를 해결하자"라며 직접 공사 현장에 뛰어든다. 그리고 〈우리 아래집 문제〉에서도 우편국 기계실 공사가 이루어지지 않자 우편국 여직원들이 "기초공사를 앞당기자"라며 직접 공사를 하기 시작한다.

이렇게 자신의 업무 이외의 과도한 공적 업무에 시달리는 여성은 또한 사적 영역의 의무로 인해 '이중부담'을 느끼게 된다. 〈우리 삼촌집 문제〉에서 남편이 죽고 나서 시아버지, 시동생, 시누이, 아들과 같이 생활하는 송선희는 죽은 남편의 미완성 논문, 아들 용남이의 생일잔치, 시아버지의 진갑, 막내 시누이의 약혼, 시동생의 레슬링 경기 등의 사적 영역에 충실하고자 하며, 이 때문에 공적 영역의 상사인 처장과 계속 충돌한다. 결국 송선희는 다니던 직장에 사표를 내고 만다. 〈우리 누이집 문제〉에서 여주인공은 시어머니의 점심을 차리기 위해서 남자 상사에게 병원에 간다고 거짓말을 하고 빠져나오지만, 갈비국을 배급받기 위해

줄을 서있는 모습을 상사가 보고 만다. 〈우리 처가집 문제〉에서 여주인공은 근무 시간 중에 빠지기 위해서 남자 상사에게 힘겨운 시집살이에 대해 과장해서 설명하지만, 나중에 실상을 들키고 만다. 이렇듯 공적 영역과 사적 영역 모두에 충실하고 싶은 여성은 정해진 일과 외에도 계속되는 일과 후 활동, 야근, 출장 등으로 꽉 짜여진 규율과 훈육 사회에서 '훈육되는 신체'가 되기를 강요하는 남자 상사와 갈등을 겪다가 결국은 '일탈하는 신체'가 된다.

둘째, 사적 영역에서의 훈육/일탈에 대한 여성 신체의 갈등이다. 우선, 시어머니·남편과 여주인공의 갈등이다. 시어머니와 남편은 여주인공이 사적 영역에만 충실하기를 바라지만 여주인공은 공적 영역을 포기할 수 없다. 〈우리 누이집 문제〉에서 원예기술원에 취직한 여주인공은 이불 시치기, 빨래, 요리 등의 집안일을 제때 하지 못해서 시어머니와 시누이의 비난을 받는다. 〈우리 처가집 문제〉에서 문화지도원인 여주인공이 아침에 늦게 일어나서 시어머니의 아침 생신상을 차리지 못하자 시누이와 남편이 불만을 제기한다. 〈우리는 모두 한가족〉에서 식품 작업소의 물고기 책임자인 여주인공이 요리, 청소, 정리 등의 집안일을 제대로 하지 못하자 남편이 화를 내고 결국 이혼소동까지 벌인다.

다음으로, 시댁 어른·상사와 여주인공의 갈등이다. 여주인공은 공적 영역과 사적 영역 사이에서 이중부담을 느끼고 이로 인해 문제가 발생되고, 이때 제3자 즉 시댁 어른이나 상사가 개입한다. 즉 일탈한 여주인공을 찾아 나서기 위해 여주인공의 사적 영역을 침입한다.

[사진5-3] 〈우리 삼촌집 문제〉 송선희가 야근을 빠지고 아이 생일을 축하하는 장면

사적 영역의 시댁 어른은 시어머니의 말을 듣고 방문하고, 공적 영역의 상사는 며느리의 말을 듣고 방문한다. 이때 여주인공의 태도는 세 가지로 나누어진다. 즉 자신을 반성하거나 저항하거나 아니면 위장해서 그 상황을 헤쳐 나가고자 한다.

〈우리 누이집 문제〉에서 여주인공은 시어머니의 불평과 하소연을 듣고 찾아온 시댁 어른 앞에서 더욱 헌신적으로 일하여, 며느리보다 시어머니가 문제라는 것을 깨닫게 만든다. 〈우리 삼촌집 문제〉에서 송선희가 아이 때문에 야근을 빠지자, 송선희의 가정을 방문한 처장은 아이의 생일을 축하하는 모습을 보고는 "원칙적인 탈선을 내버려둘 수 없다"라고 다짐한다. 이에 송선희는 의연하게 버티자, 주변 인물들이 "바쁠 때일수록 생활을 다양하게" 해야 하고 "사업을 잘하기 위해서는 사업장을 잘 관리해야 한다"라며 오히려 남자 상사를 오히려 비판한다. 〈우리 처가집 문제〉에서 여주인공은 자기 속마음을 위장한다. 여성이 공적 영역에 충실하려고 할 때마다 사적 영역인 '우리집'에서 '문제'가 발생하기 때문에, 여성에게 '가정으로 돌아가라'는 메시지를 은연중에 전달한다. 이렇듯 공적 영역에 충실하고자 하는 여성은 항상 사적 영역에서는 '일탈하는 신체'가 된다.

이처럼 여성은 공적 영역과 사적 영역의 훈육과 규율을 동시에 지키기를 요구받기 때문에, 어느 한 쪽 영역에 있으면 필연적으로 다른 쪽 영역에서는 일탈하는 신체가 될 수밖에 없다. 즉 여주인공에게 있어서 공적 영역과 사적 영역은 양립할 수 없다. 여성은 사적 공간의 가사일과 공적 공간의 직장일을 모두 훌륭하게 수행하기를 요구받는다. 〈우리 삼촌집 문제〉에서 부하 여직원은 시집살이를 하는 미망인으로서 직장에 다닌다. 〈우리 처가집 문제〉에서 며느리는 시집살이를 하면서 직장에서 지도원을 하고 있다. 〈우리 누이집 문제〉에서 며느리는 시집살이를 하면서 직장 원예원에서 일을 한다. 세 편의 영화에서 여성들은 모두 시집살이를 하면서 일을 하는 경우로서 시어머니나 상사 혹은 둘 모두와 갈등을 겪는다. 즉 사적 공간에 있을 때는 공적 영역과 부딪히고, 공적 공간에 있을 때는 사적 영역과 부딪힌다. 그래서 갈등의 대상은 주로 시어머니(=사적 영역)와 상사(=공적 영역)가 된다. 여성의 신체는 두 공간 모두 자신을 필요로 하지만, 한 공간에 있을 때는 다른 공간에 있을 수 없기 때문에 상호모순적인 상황에 빠진다.

그리고 이런 상황에서 여성이 부재하는 공간은 여성에 대한 통제와 처벌이 행해진다. 이렇게 일탈하는 여성의 신체에 대해서도 권력관계는 두 가지 경우로 대처한다. 〈우리 누이집 문제〉의 여주인공은 사적 영역에 대한 헌신으로 인해 공적 영역에서 일탈한 경우이기 때문에 용서받는다. 하지만, 〈우리 처가집 문제〉의 여주인공은 공적 영역과 사적 영역 모두에서 불성실한 경우이기 때문에 처벌받는다. 이때 권력의 양태는 억압이 아니라 생산이기 때문에, 저항하는 신체보다 일탈하는 신체에 대하여 더 엄격한 기준을 적용한다. 이렇듯 공적 영역의 일방적인 규율·훈육과 사적 영역에 대한 부담으로 인해 여성은 '일탈하는 신체'가 된다. 공적 영역에서 여성은 가치관에 있어서는 공적 이익을 주장하지만 사적 영역 때문에 공적 영역을 일탈함으로써, 자신의 가치관과 현실 상황에서 모순된 입장이 된다.

## 4. 금욕/쾌락에 대한 여성 신체의 갈등

터너에 의하면 신체의 네 가지 사용법은 '훈육된 몸, 반영적 몸, 지배하는 몸, 의사소통적 몸'[197]이다. 그 중에서도 훈육되는 신체는 금욕주의적 질서를 모델로 하며 이때 식욕과 성욕의 통제가 강화된다. 금욕주의 이데올로기의 영향은 "여성과 남성에게 매우 다르게 나타나는데, 여성은 일련의 상호모순적인 압력"[198]을 받게 된다. 여성은 가정 내 현모

---

197) 크리스 쉴링, 앞의 책, 141-143쪽.
198) 크리스 쉴링, 위의 책, 136쪽.

양처로서는 재생산을 위해서 성욕과 출산을 인정해야 하는 한편, 직장 내 성실한 일꾼으로서 헌신하기 위해 가정이나 성욕을 부정해야 함으로써, 강한 여성과 순종적인 여성 모두 상호모순적인 이중성을 요구받는다.

맬서스에 의하면 "인간은 식욕과 성욕의 지배"199)를 받는다. 왜냐하면 쉴러가 말한 것처럼 "기아와 사랑이 우리의 운명을 결정"200)하기 때문이다. 특히 "여성의 굶주림을 무시하고 지속시키는 억압적 문화, 여성의 식욕과 욕망을 수치스러워 하게 만드는 문화"201)를 조장한다. 그리고 '성 감정이 모든 윤리의 근원이고 심미주의와 종교의 근원이라는 것'202)은 부정할 수 없는 사실이다. 지배적인 성도덕이 신체의 자유로운 움직임과 신체의 즐거움을 방해하며, 이러한 육체의 부정은 사랑·죽음의 부정으로 이어진다. 욕망의 억제는 신체의 내적 문제이면서 "가부장적 권력체계에 의한 여성 섹슈얼리티의 규제와 연관"203)되며, 성적 만족을 연기시키기 위한 수단인 금욕주의 이데올로기를 보여준다.

〈우리 처가집 문제〉, 〈우리 누이집 문제〉, 〈우리 삼촌집 문제〉에서 여성 신체의 사용법은 훈육과 지배가 두드러지게 나타나며 금욕주의적 질

---

199) 크리스 쉴링, 위의 책, 135쪽.

200) 스티브 컨, 이성동(역), 『육체의 문화사』, 의암, 1996, 185쪽.

201) 수잔 보르도, 앞의 논문, 128-131쪽.

202) 스티브 컨, 앞의 책, 185쪽.

203) 크리스 쉴링, 앞의 책, 135쪽.

서를 모델로 하는 '훈육되는 신체'에 가장 가깝다. 이 영화들에서 여성 신체는 예측 가능한 통제 속에서 결핍된 욕망과 분리된 자기 연관성을 특징으로 한다. 욕망의 문제에 있어서도 가정 내 문제가 생기면 바로 남편이 아내에게 이혼을 요구하며 성 담론이 부재하다. 여성은 자기 욕망을 억눌러야 하고 외부의 목소리에 의해서 자신의 신체가 계속 훈육되고 지배받는다. 이때 지배하는 매체는 바로 통제와 힘이다. 타자연관성 면에서 볼 때 여성의 신체는 이웃 사람들의 간접적인 감시의 시선과 우편국장의 직접적 개입에서 볼 수 있듯이 힘에 의해 지배당하는 신체이다.

〈우리 처가집 문제〉, 〈우리 누이집 문제〉, 〈우리 삼촌집 문제〉에서 여성의 신체는 훈육/쾌락의 층위를 동시에 보여주고 있다. 이 영화들에서 '금욕주의' 즉 자기 부정과 본능의 억제가 지배적으로 드러난다. 금욕/쾌락에 대한 북한 여성 신체의 갈등은 식욕과 성욕에 대한 금지/허용 혹은 통제/욕구의 갈등으로 표출되고 있다.

첫째, 식욕으로 대표되는 의식주에 대한 통제/욕구의 갈등이다. 우선, 의복 문제이다. 영화 속에서 여성들은 선물 받은 옷이나 옷감 때문에 서로 다툰다. 〈우리 누이집 문제〉에서 우편국장이 누이에게 며느리와 화해하라며 스웨터 두 벌을 선물하자, 시어머니는 그 속마음을 모른 채 부엌에서 혼자 열심히 일하는 며느리가 아닌 큰딸과 작은딸에게 스웨터를 줘버린다. 작은딸은 스웨터 문제로 우편국장인 삼촌이 야단을 치자 안 입겠다며 벗어버린다. 나중에 며느리와 화해한 시어머니는 저금통장의 돈으로 며느리의 새해 옷을 해주려고 한다. 〈우리 처가집 문제〉에서 남편이 상으로 좋은 옷감을 받아온다. 시어머니는 '나이 든 자기보다는 며느리를 주겠다'라고 말하는 반면, 며느리 복희는 '늙은이들은 본때가 안 나므로 좋은 옷감은 자기가 입겠다'라고 말한다. 복희는 옷감을 미리 몰래 챙겨서 숨겨 놓는다. 아들이 시어머니에게 보여주기 위해 옷감을 찾으나, 찾지 못하다가 잠겨 있는 옷장 문을 발견하고는 억지로 열고 옷감을 꺼내온다. 그 장면을 본 시어머니가 몇 마디 말을 건네자, 복희는 화가 나서 "늙은이들이란 알고도 모른 척, 보고도 못 본 척해야지, 사사건건 따진다"라며 불평한다. 화가 난 남편이 나가버리고, 복희는 아이에게 고함을 지른다.

다음으로, 식량 문제이다. 영화 속에서 여성들은 배급받거나 차린 음식물 때문에 마음이 상하게 된다. 〈우리 누이집 문제〉에서는 대조적인 장면이 연출된다. 방 안에 있는 시외삼촌은 "(생선) 머리가 없다"라고 말하고, 시누이는 "살이 없다"라고 말하고, 조카는 "가시가 있다"라고 말하는 등 시댁 식구들이 불평을 늘어놓으며 생선 매운탕을 먹는다. 반면에, 부엌에서 여주인공과 남동생 영남은 남은 매운탕과 반찬이 없어서 맨밥만 먹고 있다. 이처럼 여성은 자신이 요리한 음식물에서 배제된다. 〈우리 아래집 문제〉에서 여주인공은 배급받는 털게의 크기 때문에 이웃 여자와 싸움을 벌인다. 서로 남의 것이 크다며 욕심이 많다고 비난한다.

끝으로, 집 문제이다. 영화 속에서 집의 배정·이사와 관련하여 뇌물·비리·다툼 등이 빈번하게 발생한다. 〈우리 작은집 문제〉에서 부항장은 윤길이 부위원장의 가까운 친척이라고 생각하고 다른 사람에게 배정된 아파트를 윤길에게 준다. 나중에 윤길은 형 우편국장에게 혼이 나고 다시 원래의 주인에게 아파트를 되돌려준다. 〈우리 아래집 문제〉에서 아내는 이웃이 수양거리의 요란한 아파트로 이사 가는 것을 부러워하여, 건설도행정회 차장으로 있는 남편과 그 부하에게 청탁해서 이웃의 아파트를 가로챈다. 하지만 그녀는 결국 건설위원회에서 알게 되어 수양아파트를 포기하게 된다.

둘째, 성욕에 대한 통제/욕구의 갈등이다. 영화 속에서 성 담론은 배제되고 억압되어 있다. 성의 배제는 북한 윤리의 기본적인 특성인 금욕주의를 단적으로 보여준다. 북한 영화 속에서 권력체제는 생산성을 높이기 위해 금욕주의 이데올로기를 강조하면서 성욕을 배제한다. 베버에 의하면 산업자본주의 시대에 프로테스탄트 윤리에서 소명, 자아 부정, 근면을 강조하기 위해 금욕주의 이데올로기를 내세운다. '소명'은 우편국장으로 대변되고, '자아 부정'은 체제 내 역할을 강조하며 여성의 욕구를 비판하고, '근면'은 여성의 신체를 힘들고 정신없이 움직이게 한다. 근면은 특히 여성의 경우에만 해당되는 반면, 남성은 집안에서 일을 하지 않는 것이 허용된다.

세 편의 북한 영화는 육체와 성에 대해 엄격한 계율과 억제된 분위기를 보인다. 즉 "성의 자극과 쾌락이 일할 의욕을 앗아가고, 기계공업의 조직적 억제를 무력화시키며, 마음을 산란하게 하는 것으로 보아 경멸"했으며 "섹스는 전혀 생산적 가치를 갖고 있지 않다"204)는 점에서 생산성을 위해 금욕해야 한다. 그리고 북한 체제는 육체가 품위를 손상시킨다라고 간주하고 있었기 때문에 대중들이 육체를 대하는 태도에는 부정과 왜곡, 그리고 공포심이 혼합되어 있다.

　북한 영화 속에서는 아예 성에 대한 언급이 없으며 성 담론 자체를 배제하며 모든 성행위는 억압되고 은폐된다. 이러한 금욕주의적 도덕관은 신체를 "쾌락을 얻는 도구에서 생산을 위한 도구로 변화"205)한다. 억압의 기능은 "사라지라고 정죄(定罪)하는 것일 뿐만 아니라 침묵하라는 명령, 실재하지 않는다는 단언, 따라서 그 모든 것에는 말할 것도 볼 것도 알 것도 없다는 확증"206)이 내재되어 있다. 금지, 비실재, 침묵이 근대의 도덕적 엄격주의에 의해 삼중의 명령으로 섹스에 부과된다. 억압은 권력, 앎, 성 사이에 맺어지는 관계의 기본 양상이다. 금지, 거부, 검열, 부인은 아마 "담론화, 권력의 기법, 앎의 의지에서 국지적이고 전술적 역할을 하는 부분"207)에 지나지 않을 것이다. 세 편의 북한 영화에서도 섹슈얼리티에 내한 삼중의 명령, 즉 금지, 비실제, 침묵이 행해지고 있다. 〈우리 처가집 문제〉에서 부부만의 공간을 갖고 싶어하는 여주인공의 욕망은 금지당한다. 그리고 〈우리 누이집 문제〉, 〈우리 삼촌집 문제〉

---

204) 스티브 컨, 앞의 책, 21-22쪽.

205) 스티브 컨, 위의 책, 20쪽.

206) 미셸 푸코b, 이규현(역), 『성의 역사1: 앎의 의지』, 나남, 1990/2004, 27쪽.

207) 미셸 푸코b, 위의 책, 36쪽.

에서도 대부분 부부 관계는 성에 대한 비실재와 침묵으로 일관한다.

이렇듯 〈우리 처가집 문제〉, 〈우리 누이집 문제〉, 〈우리 삼촌집 문제〉에서 식욕과 성욕을 통제함으로써 신체를 통제한다. 식욕의 통제는 물량 부족과 배급의 문제를 직면하여 희생만 강조하며 기본적인 먹거리를 해결하지 않고 있어서 신체의 재생산을 충족시키지 못하고, 성욕의 통제는 육체적 사랑을 담론에서 배제하는 억압을 통해 정신적 사랑만 강조하는 등 신체를 소외하고 배제한다. 식욕과 성욕의 문제는 남녀 모두에게 해당되지만, 정도의 차이가 크다. 성욕은 '배제'의 방식으로 규제하고, 식욕은 '차별'의 방식으로 규제하고, 성욕은 '침묵'의 방식으로 규제한다.

하지만 때때로 여성들은 식욕과 성욕이라는 두 가지 욕망을 표출하고자 애쓴다. 먹는 장면은 무수히 강조되나 성적인 장면은 없고 남녀의 만남과 데이트 장면만이 있을 뿐이지만, 신체에 대한 통제에서 벗어나고자 욕망이 간헐적으로 드러난다. 영화는 극단적으로 금욕주의를 강조하기 때문에, 오히려 관객은 조금만 애정 장면이 있거나 육체를 암시하는 부분이 있어도 자극받을 수 있다. 그래서 여성의 쾌락에 대한 욕구는 모두에게 큰 위협이 될 수 있다. 〈우리집 문제〉 시리즈를 볼 때 느끼는 이중적인 즐거움은 한편으로는 타인의 부도덕한 행위에 반대한다는 안전권에 몸을 두면서, 다른 한편으로는 그것을 느긋하게 바라볼 수 있다는 것이다. 그래서 여성의 신체는 식욕과 성욕의 즐거움에 대한 욕구와 그것을 금지했던 많은 사회적 압력이 존재했음을 말해주는 그 시대의 대변인 역할을 하고 있다.


## 5. 북한 여성의 신체와 북한 사회의 변화

북한 영화 〈우리집 문제〉 시리즈 중에서 〈우리 처가집 문제〉, 〈우리 누이집 문제〉, 〈우리 삼촌집 문제〉에서 드러나는 여성 신체에 대한 논의를 종합해 보면 결과는 다음과 같다.

첫 번째, 복종/저항에 대한 여성 신체의 갈등은 공적 영역의 사익/공익 갈등과 사적 영역의 세대·남녀 갈등으로 나타난다. 공적 영역의 경우 윗사람에게 잘 보여야 하고 처세가 중요한 북한 사회에서, 복종을 강요하는 남자 상사는 처세와 사익을 위해서 뇌물과 연줄을 동원하며, 이러한 남성의 일방향적인 명령체계와 가부장적 구조 속에서 여성에게 강제적 복종을 강요한다. 여자 부하는 원칙과 공익을 주장하며 저항하고, 남자 상사에게 반발하면서 저항하는 여성은 갈등을 일으키게 된다. 사적 영역의 경우 시어머니와 여주인공은 집안일에서의 주도권 다툼으로 세대 갈등을 일으키고, 남편과 여주인공은 성역할의 능동/수동의 역전으로 남녀 갈등을 일으킨다. 여주인공은 집안 내에서 시어머니와 남편과의 관계에서 수동적 역할을 부여받고 있는데, 이에 저항하여 능동적인 역할을 하려고 할 때 갈등과 문제가 발생한다.

두 번째, 훈육/일탈에 대한 여성 신체의 갈등은 공적 영역에서 남녀

간의 규율/자율 갈등과 사적 영역에서 세대 간의 노동/휴식의 갈등으로 나타난다. 공적 영역의 경우 남자 상사는 억압적인 규율 속에서 여성을 훈육되는 신체로 만들어 시달리는 몸이 되게 하며, 여자 부하는 노동의 이중부담으로 인해 일탈하는 신체가 됨으로써 비판받는다. 사적 영역의 경우 집안일에 충실하기를 바라는 시어머니·남편과 직장일도 추구하고자 하는 여주인공이 갈등하여, 여주인공이 일탈하는 신체가 되면서 '우리집'에 문제가 발생한다. 이때 시댁 어른과 상사가 문제에 개입하면서 일탈한 여성을 찾아 나서기 위해 사적 영역에 침입하며, 여주인공은 반성, 저항, 위장 등의 태도를 보인다.

세 번째, 금욕/쾌락에 대한 여성 신체의 갈등은 식욕과 성욕에 대한 통제/욕구의 갈등으로 나타난다. 식욕으로 대표되는 의식주에 대한 욕구의 통제, 생산성 추구를 위한 성욕의 배제, 신체의 부정을 보이는 성욕의 통제로 인해, 금욕/쾌락의 갈등은 금지/허용의 양상을 띠게 된다.

이러한 작품분석 결과 북한 여성의 신체를 둘러싼 문제는 북한 사회의 공적/사적 영역의 문제, 남/여의 문제, 개인/가족/당의 문제와 연관된다. 우선, 복종/저항의 갈등에 있어서, 여성 신체는 복종/저항이라는 이중적 역할을 한다. 공적 영역에서 남성과 여성이 불공정성/공정성의 원칙적 차이를 보여주며 사적 영역에서 여성은 권리는 없이 의무만이 강조된다. 이때 여성 신체는 불평등성의 체현·후퇴·항의·저항 등의 몸짓을 재현한다. 다음으로, 훈육/일탈의 갈등에 있어서, 여성의 신체는 양립 불가능하고 상호모순적인 상황에서 일탈을 시도한다. 이때 일탈의 이유와 결과는 두 가지 경우로 나누어진다. 사적 영역에 대한 헌신으로 인한 여성의 일탈은 용서받지만, 개인적인 불성실성이나 자유 추구로 인한 여성의 일탈은 처벌받는다. 끝으로, 금욕/쾌락의 갈등에 있어서, 여성의 신체는 생과 육체에 대한 배반과 포기를 요구받으며, 북한 사회의 가족유대와 출신성분 등이 원인으로 개입된다. 쾌락을 억제하고자 하는 당과 자신의 욕구와 쾌락을 추구하고자 하는 여성의 신체가 서로 대립한다.

여성 신체를 둘러싼 북한 사회의 정치적 지형도나 경제적 상황 등에 대한 컨텍스트적인 맥락을 살펴보면 이러한 작품분석 결과를 더 잘 이해할 수 있다. 1998년 헌법 개정에서 주석제가 폐지되면서 본격적으로 김정일의 통치가 시작된다는 점에서, 1988-1989년에 제작된 세 편의 〈우리집 문제〉 시리즈, 즉 〈우리 처가집 문제〉, 〈우리 누이집 문제〉, 〈우리 삼촌집 문제〉는 시기적으로는 김일성 체제에 속하지만, 영화 제작에 깊이 관여한 김정일의 영향 하에 놓여 있다. 북한은 이 시기에 들어 영화의 주제와 소재의 다양화를 시도하는 등 새로운 변화를 모색하고 있다. 즉 사상성을 특히 강조한 기존의 영화 제작 방침을 고수하기보다는 사상성을 근저로 하면서도 지금까지는 금기시 되어온 남녀 간의 사랑 문제까지 다루도록 하고 있다는 점이다. 그래서 〈우리집 문제〉 시리즈의 경우 다양성과 오락성의 강화라는 특성이 나타나고 있다. 그리고 영화를 체제의 일방적인 결과로만 기존의 연구와는 달리, 탈북자들에 대한 조사는 북한 영화 관객이 북한 영화를 선전도구가 아닌 오락으로서 수용하며, 정치성과 혁명성이 배제된 영화를 선호'208)한다는 것을 보여주고 있다. 영화가 선전 선동의 강력한 무기가 되기 위해서는 먼저 주민들이 보아야 하고 주민들이 보도록 하기 위해서는 어느 정도의 오락성과 흥행성이 있어야 하기 때문이다. 그래서 이런 오락성과 흥행성을 통해서 대중의 욕구가 어느 정도는 반영되는 여지가 있을 수 있다.

그리고 타자로 인식되어 온 북한은 이 시기에 들어서면서 모기장 개방이긴 하지만 그로 인해 이념적 보수 회귀와 경제개방이라는 이중성을 드러내 보이기 시작한다. 이런 정치·사회·문화적 배경 속에서 북한 사회는 사회적 필요에 따라 여성에 대한 정책을 바꾸게 된다. 〈우리 처가집 문제〉, 〈우리 누이집 문제〉, 〈우리 삼촌집 문제〉의 영화의 배경이 되는 80년대 후반과 90년대 초반에 여성은 다시 노동 영웅으로서 호출되기에 이르는데, "경제가 어려워짐에 따라 사회적 책임을 개별 가족에게 전가하면서 여성은 더 이상 가정 내에 있을 수 없게 된 것"209)이다. 그래서 여성은 부담이 가중되면서도 지위가 향상됨에 따라 이중성을 갖게 되며, 그것이 여성 신체의 갈등으로 나타나게 된 것이다. 게다가 이런 상황에서 젊은 세대의 사상 이완과 자본주의풍에 대한 경도가 북한 사회의 불안 요소로 떠오른다. 북한의 젊은 세대들은 "실용적 개인주의와

---

208) 최연용, 「차이와 동질성—북한에도 스타가 있다」, 정재형(편), 『북한 영화에 대해 알고 싶은 다섯 가지—제2세대 북한 영화연구—』, 집문당, 2004, 183쪽.

209) 이명자, 앞의 논문, 124쪽.

물질주의"를 추구하며 "미세한 균열, 불안한 균형의 상황"210)을 보이게 된다. 이런 요소들이 영화 속에서 세대 갈등으로 표출된다. 그래서 〈우리집 문제〉 시리즈도 이러한 "북한 사회의 보수주의적 정치 태도와 진보주의적 지향 사이의 이율배반성"211)이 여성의 신체를 통해서 드러난다.

---

210) 박민정, 「선전·선동에서 리얼리즘으로」, 정재형(편), 앞의 책, 152쪽.

211) 이효인, 「북한의 수령 형상 창조 영화 연구―연작 〈조선의 별〉과 연작 〈민족의 태양〉의 신화 형식을 중심으로―」, 중앙대학교 첨단 영상대학원 영화이론 전공 박사학위논문, 2001, 101쪽.

| 참고문헌 |

## 저서

김귀옥(외),『북한 여성들은 어떻게 살고 있을까』, 당대, 2000.

김재용,「서사문학과 인물」,『내러티브』, 제3호, 한국서사학회, 2001.

민병욱,『북한 영화의 역사적 이해』, 역락, 2005.

서정남,『서정남의 북한 영화탐사』, 생각의 나무, 2002.

여성한국사회연구소(편),『북한 여성들의 삶과 꿈』, 사회문화연구소, 2001/2002.

이인성,『축제를 향한 희극—몰리에르에 관한 한 연구』, 문학과 지성사, 1992.

이화여자대학교 한국여성연구원(편),『통일과 여성: 북한 여성의 삶』,
        이화여자대학교 출판부, 2001.

임순희,『북한 여성의 삶: 지속과 변화』, 해남, 2006.

정재형(편),『북한 영화에 대해 알고 싶은 다섯 가지—제2세대 북한 영화연구—』,
        집문당, 2004.

주은우,『시각과 현대성』, 한나래, 2003/2005.

미셸 푸코a, 오생근(역),『감시와 처벌: 감옥의 역사』, 나남, 1994/2005.

미셸 푸코b, 이규현(역),『성의 역사1: 앎의 의지』, 나남, 1990/2004.

미하일 미하일로비치 바흐찐, 김근식(역),『도스또예프스끼 창작의 제문제:
        도스또예프스끼 시학』, 정음사, 1988/1989.

미하일 미하일로비치 바흐찐 & V.N. 볼로쉬노프, 송기한(역),『마르크스주의와
        언어철학』, 한겨레, 1988

블라드미르 프롭, 유영대(역),『민담형태론』, 새문사, 1987/2000.

수잔 헤이워드, 이영기(역),『영화 사전: 이론과 비평』, 한나래, 1997.

스티브 컨, 이성동(역),『육체의 문화사』, 의암, 1996.

시모어 채트먼, 김경수(역),『영화와 소설의 서사구조: 이야기와 담화』, 민음사,
        1999.

앙드레 고드로 & 프랑수아 조스트, 송지연(역),『영화서술학』, 동문선, 2001.

앙리 베르그송, 정연복(역),『웃음—희극성의 의미에 관한 시론』, 세계사, 1998.

어빙 고프만, 김병서(역),『자아 표현과 인상관리—연극적 사회분석론』, 경문사, 1987.

정화열, 이동수 외(역),『몸의 정치와 예술 그리고 생태학』, 아카넷, 2005.

질 들뢰즈a, 이경신(역),『니체와 철학』, 민음사, 1998/2003.

질 들뢰즈b, 박기순(역),『스피노자의 철학』, 민음사, 1999/2004.

질 들뢰즈 & 안또니오 네그리(외), 서창현(외)(역),『비물질노동과 다중』, 갈무리, 2005.

질 들뢰즈 & 펠릭스 가타리, 김재인(역),『천 개의 고원: 자본주의와 분열증』. 새물결, 2001.

바뤼흐 스피노자, 강영계(역),『에티카』, 서광사, 1990/2004.

피터 브룩스, 이봉지·한애경(역),『육체와 예술』, 문학과지성사, 2000.

케티 콘보이 & 나디아 메디나 & 사라 스탠베리(편), 조애리 외(역),『여성의 몸, 어떻게 읽을 것인가?』, 한울, 2001.

크리스 쉴링, 임인숙(역),『몸의 사회학』, 나남, 1999/2003.

키스 안셀 피어슨, 이정우(역),『싹트는 생명: 들뢰즈의 차이와 반복』, 산해, 2005.

핼 포스터(편), 최연희(역),『시각과 시각성』, 경성대학교출판부, 2004.


**논문**

김병욱,「언어서사물에 있어서의 공간의 의미」,『내러티브』, 제2호, 한국서사연구회, 2000.

김기우,「세 가지 범주로 서사 구조 이론의 새 가능성 제시—미케 발의『서사란 무엇인가』」,『내러티브』, 제4호, 한국서사학회, 2001.

박주식,「언어, 내러티브, 담론: 헤이든 화이트의 역사 이론」,『내러티브』, 제4호, 한국서사학회, 2001.

박진임, 「비선형적 서술 구조, 여성적 글쓰기의 한 가능성—글로리아 네일러를
　　　중심으로—」, 『내러티브』, 제1호, 한국서사연구회, 2000.

박혜경, 「삶과 윤리의 통합을 지향하는 세계: 황순원 문학에서의 근대성의 문제」,
　　　『내러티브』, 제3호, 한국서사학회, 2001.

변혜정, 「영화에서 재현되는 여자다움과 그 의미」, 『통일과 여성—북한 여성의
　　　삶—』, 이화여자대학교 출판부, 2001.

서곡숙, 「거짓말/방문/가출이라는 북한 영화의 내러티브 반복과
　　　연기/침입/일탈이라는 북한 여성의 자아정체성 재현」, 『영화연구』, 33호,
　　　2007.

서정남a, 「영화 서사의 창작-전달-수용 매커니즘과 매체」, 『내러티브』, 제4호,
　　　2001년, 한국서사학회, 2001.

서정남b, 「영화—음영서사에서 초점화와 서술의 문제」, 『내러티브』, 제1호,
　　　한국서사연구회, 2000.

양옥순, 「북한 문예정책의 변천에 관한 연구: 소설의 주제 변화를 중심으로」,
　　　한국교원대 대학원 석사학위논문, 1996.

이경화, 「남북한 전쟁영화 비교연구」, 한양대학교 대학원 석사학위논문, 1993.

이명자, 「김정일 통치 시기 가족 멜로드라마 연구—북한 근대성의 변화를
　　　중심으로—」, 동국대학교 대학원 연극영화학과 박사학위논문, 2004.

이철훈, 「북한 영화정책의 시기별 변천과정 연구」, 연세대학교 행정대학원
　　　북한학전공 석사학위논문, 1997.

이효인, 「북한의 수령 형상 창조 영화 연구—연작 〈조선의 별〉과 연작 〈민족의
　　　태양〉의 신화 형식을 중심으로—」, 중앙대학교 첨단 영상대학원 영화이론
　　　전공 박사학위논문, 2001.

임효수, 「북한 경희극영화의 희극성과 웃음유발 연구」, 동국대학교 대학원
　　　연극영화학과 석사논문, 2000.

정수연, 「한국에 소개된 북한 영화 분석 연구」, 건국대학교 언론정보대학원
　　　방송전공 석사학위논문, 1999.

[영화]

〈우리집 문제〉 시리즈 12편
1편 〈우리집 문제〉(김영, 1973)
2편 〈우리 옆집 문제〉(리재준, 1979)
3편 〈우리 웃집 문제〉(윤기찬, 1980)
4편 〈우리 아래집 문제〉(윤기찬, 1980)
5편 〈우리 처가집 문제〉(림창범, 1980)
6편 〈우리 큰집 문제〉(윤기찬, 1981)
7편 〈우리 누이집 문제〉(정건조, 1981)
8편 〈우리 사돈집 문제〉(정건조, 1982)
9편 〈우리 작은집 문제〉(박상복, 1982)
10편 〈우리는 모두 한 가정〉(1984)
11편 〈다시 시작된 우리 집 문제〉(박상복, 1986)
12편 〈우리 삼촌집 문제〉(1988)

| 원문출처 |

이 책의 처음 형태는 다음 지면에서 찾아볼 수 있다.


### 제1장 북한 영화의 서사

: 〈우리 누이집 문제〉, 〈우리 사돈집 문제〉, 〈우리삼촌집 문제〉에서 드러나는 갈등과 해결 구조

「북한 대중영화의 갈등 연구」, 『대중서사연구』, 제18집, 대중서사학회, 2007.


### 제2장 북한 영화의 정동

: 〈우리 웃집 문제〉, 〈우리 아래집 문제〉, 〈우리 사돈집 문제〉에서 드러나는 의식/사유, 도덕/윤리, 슬픔/기쁨의 갈등

「북한 영화에서 드러나는 의식/사유, 도덕/윤리, 슬픔/기쁨의 갈등 : 〈우리 사돈집 문제〉, 〈우리 아래집 문제〉, 〈우리 웃집 문제〉를 중심으로」, 『영화연구』, 30호, 한국영화학회, 2006.


### 제3장 북한 영화의 시선

: 〈우리 처가집 문제〉, 〈우리 누이집 문제〉, 〈우리는 모두 한 가정〉, 〈우리삼촌집 문제〉에서 드러나는 인물들의 시선, 감시, 권력

「북한 영화에서 드러나는 인물들의 시선, 감시, 권력: 〈우리 누이집 문제〉, 〈우리 처가집 문제〉, 〈우리 삼촌집 문제〉, 〈우리는 모두 한 가정〉을 중심으로」, 『문학과 영상』, 제8권 3호, 문학과영상학회, 2007.

**제4장 북한 여성의 욕망**

: 〈우리 웃집 문제〉, 〈우리 처가집 문제〉, 〈우리 누이집 문제〉에 드러나는
거짓말-방문-가출이라는 내러티브 반복과 여성의 자아정체성
「거짓말/방문/가출이라는 북한 영화의 내러티브 반복과 연기/침입/일탈이라는
북한 여성의 자아정체성 재현」, 『영화연구』, 33호, 한국영화학회, 2007.


**제5장 북한 여성의 신체**

: 〈우리 처가집 문제〉, 〈우리 누이집 문제〉, 〈우리삼촌집 문제〉에서 드러나는 여성 신체의
다층적인 재현
「북한 영화에서 드러나는 여성 신체의 다층적인 재현-〈우리 누이집 문제〉,
〈우리삼촌집 문제〉, 〈우리 처가집 문제〉를 중심으로」, 『영상예술연구』, 9호,
영상예술학회, 2006.

# 영화에 비친 북한 가족의 일탈성

— 북한 인기 영화 〈우리집 문제〉 시리즈 분석 —

초판 1쇄 발행    2025년 10월 25일

지은이        서곡숙
펴낸이        성일권
펴낸곳        (주)르몽드코리아
디자인        유주희
인쇄·제작      디프넷


펴낸곳        (주)르몽드코리아
주소          서울특별시 마포구 양화로1길 83 석우 1층
출판등록      2009. 09. 제2014-000119
홈페이지      www.ilemonde.com
전자우편      info@ilemonde.com
유튜브        https://www.youtube.com/@르몽드살롱

ISBN          979-11-92618-88-3